OS *HERMANOS* E NÓS

Proibida a reprodução total ou parcial em qualquer mídia
sem a autorização escrita da editora.
Os infratores estão sujeitos às penas da lei.

A Editora não é responsável pelo conteúdo da Obra,
com o qual não necessariamente concorda. Os Autores conhecem os fatos narrados,
pelos quais são responsáveis, assim como se responsabilizam pelos juízos emitidos.

Consulte nosso catálogo completo e últimos lançamentos em **www.editoracontexto.com.br**.

Ariel Palacios
Guga Chacra

OS *HERMANOS* E NÓS

Copyright © 2014 dos Autores

Todos os direitos desta edição reservados à
Editora Contexto (Editora Pinsky Ltda.)

Ilustração de capa
Attílio
Projeto gráfico e diagramação
Gustavo S. Vilas Boas
Preparação de textos
Adriana Teixeira
Revisão
Tatiana Borges Malheiro

Dados Internacionais de Catalogação na Publicação (CIP)
(Câmara Brasileira do Livro, SP, Brasil)

Palacios, Ariel
    Os hermanos e nós / Ariel Palacios e Guga Chacra. – São Paulo :
Contexto, 2014.

    ISBN 978-85-7244-849-9

    1. Futebol – Argentina – História 2. Futebol – Brasil – História I.
Chacra, Guga. II. Título.

14-02969   CDD-796.334

Índice para catálogo sistemático:
1. Brasil e Argentina : Futebol : História   796.334

2014

EDITORA CONTEXTO
Diretor editorial: *Jaime Pinsky*

Rua Dr. José Elias, 520 – Alto da Lapa
05083-030 – São Paulo – SP
PABX: (11) 3832 5838
contexto@editoracontexto.com.br
www.editoracontexto.com.br

SUMÁRIO

OS ARGENTINOS E *EL FULBO* 9

**BRASIL X ARGENTINA,
UMA RELAÇÃO DE AMOR E ÓDIO** 15

"Percam, por favor, rapazes, percam!":
o primeiro jogo Brasil x Argentina 15

Um século de disputas entre brasileiros e argentinos 18

A rivalidade argentina com a Inglaterra
(uma pedra na chuteira brasileira) 27

O termo "macaquito": mito ou realidade? 33

QUEM É O BOCA BRASILEIRO? 43

Comparações entre times brasileiros e argentinos 43

Argentinos que jogaram no Brasil 48

Brasileiros que jogaram na Argentina 52

OS *HERMANOS* E NÓS 57

Como os argentinos veem o futebol brasileiro (e vice-versa) 57

PEQUENA HISTÓRIA DO FUTEBOL ARGENTINO..... 63

Histórias do futebol argentino..................................... 63

Argentinos... mas de sobrenome italiano 68

O funcionamento dos campeonatos argentinos.................... 72

Títulos conquistados..74

UMA TORCIDA FANÁTICA 81

As torcidas...81

Os *barrabravas*, os *hooligans* argentinos 85

OS CLUBES 93

Boca, o "metade mais um" da Argentina 93

River Plate: coadjuvante do Boca? 100

Outros clubes da capital e da área metropolitana 104

Os times do interior... 109

OS CLÁSSICOS E O SUPERCLÁSSICO 111

A força dos times regionais 111

Boca-River, o superclássico...113

O clássico de Avellaneda – Racing *versus* Independiente 117

Outros clássicos argentinos...118

A BOLA E SEUS TEMPLOS 121

La Bombonera, a catedral do futebol 121

Monumental, mais do que a casa do River 125

Os outros estádios argentinos... 126

O FUTEBOL E O ALÉM 131

Superstições futebolísticas...131

Argentina sem Copas: a maldição da Virgem de Tilcara 135

Síndrome de Menem 138

Maradonianos celebram Natal em outubro 138

O papa "corvo": de San Lorenzo a São Pedro 140

O FUTEBOL E A DITADURA MILITAR 145

A Copa de 1978: frenesi e terror 145

Gato Andrada: o goleiro que foi suspeito de torturas............165

Os jogadores desaparecidos na ditadura...............................168

POLÍTICA E FUTEBOL..173

Grondona, o cartola que sobreviveu
a quatro ditadores, nove presidentes e dois papas...................173

"Futebol para todos": o populismo esportivo.........................178

Os presidentes argentinos e o futebol....................................181

UM CELEIRO DE CRAQUES...185

La Saeta: Alfredo Estéfano Di Stéfano Laulhé 185

La Pulga: Lionel Andrés Messi Cuccittini 189

Outros craques 195

MARADONA, EL PIBE DE ORO 199

Maradona, mito e realidade. E escândalos 199

Frases maradonianas 209

A BOLA NA CULTURA 215

Futebol no tango 215

Futebol no cinema 217

Futebol na literatura 220

Futebol nos quadrinhos 223

SOBRE GAYS E GASTRONOMIA 225

O estômago e a bola 225

Gastronomia futebolística 230

O futebol gay 231

Meca homossexual 233

O VERBO E A BOLA 235

Gíria futebolística argentina 235

Frases sobre o futebol argentino 239

Dicionário brasileiro-argentino de futebol 242

Antologia de epítetos, ofensas
e similares nos estádios argentinos 243

Uma caixinha de surpresas 250

OS AUTORES 253

OS ARGENTINOS E *EL FULBO*

Brasileiros e argentinos, quando entram em campo, param o mundo. Pergunte a um palestino e a um israelense, a um grego e a um turco para qual time torcem na Copa do Mundo, quando o deles não está na disputa. Se não for o Brasil, será a Argentina.

Brasileiros e argentinos são os únicos no mundo que, ao viajarem para outros continentes e dizerem ser naturais do Rio de Janeiro ou de

Buenos Aires, ouvem uma simpática saudação de "Pelé", "Maradona", "Ronaldinho" ou "Messi". A camisa amarela da seleção brasileira e a azul e branca da argentina são reconhecidas no Gabão, na Eslovênia, no estado americano de Wisconsin ou em um balneário no Azerbaijão, às margens do mar Cáspio.

As diferenças históricas entre Brasil e Argentina já estão resolvidas desde a metade do século XIX. Pode-se até dizer que, de certa forma, somos os melhores amigos um do outro. Mas, se no campo da política não existem divergências, em todo o universo dos esportes é difícil haver uma rivalidade tão forte quanto a de Brasil e Argentina no futebol.

Seria como na geopolítica internacional ser americano ou soviético nos tempos da Guerra Fria. Os demais apenas observam a nossa superioridade. Tudo bem, Itália, Alemanha e mesmo a Espanha e a França podem fazer frente a Brasil e Argentina. Mas nenhuma dessas nações, nem mesmo os italianos com suas quatro Copas do Mundo, consegue despertar a magia do drible e do passe dos sul-americanos. E nem se fale de nossa capacidade de produzir tantos craques em todas as gerações.

Pergunte quem é o melhor jogador de todos os tempos e, no mundo todo, haverá quase unanimidade entre três nomes – Pelé, Maradona e, mais recentemente, Messi. Qual a melhor seleção de todos os tempos? Provavelmente dirão – inclusive os argentinos – que o Brasil de 1970.

Apesar dessa rivalidade, colocada a prova em quatro jogos de Copa do Mundo, em 1974, 1978, 1982 e 1990, e em dezenas de partidas ao longo de um século de história, brasileiros e argentinos ainda desconhecem muito do futebol do país vizinho, de suas características e de sua história.

Neste livro, contaremos ao leitor brasileiro o que é o futebol argentino (a partir da ótica de brasileiros que, como no caso do Ariel, vivem na Argentina e, no do Guga, viveram na Argentina), desde sua história até seu estilo de jogo. Por que nas seleções argentinas há tantos jogadores com sobrenome italiano? Por que existem dois campeonatos argentinos por ano? Quais foram os títulos conquistados

OS ARGENTINOS E *EL FULBO*

pela Argentina? Qual foi a ocasião em que argentinos e brasileiros – ao lado dos italianos – ganharam juntos uma Copa do Mundo?

Como se manifesta o fanatismo das torcidas argentinas, aquelas que cantam sem parar, o time esteja ganhando ou perdendo? Quais seriam os equivalentes brasileiros de clubes argentinos como o River Plate, o Racing ou o Boca Juniors? Qual o maior clássico argentino? O que são clássicos de bairro? Você sabia que o maior estádio de Buenos Aires não é a Bombonera (embora esta seja a "catedral" do futebol na Argentina)?

É verdade que eles chamam os brasileiros de "macaquitos"? E que, ao contrário de nós (que preferimos uma derrota argentina a uma vitória brasileira), a maior alegria deles não é sequer ganhar dos brasileiros? Aliás, locutores esportivos argentinos não possuem frase alguma que sustente que "ganhar é bom, mas ganhar do Brasil é melhor".

Os brasileiros querem saber o que, afinal de contas, aconteceu no tão falado jogo da Argentina contra o Peru em 1978, que alijou o Brasil daquela Copa. E se Messi já é melhor que Maradona.

Como o futebol é representado no tango, no cinema, na literatura e nos quadrinhos?

No Brasil seria uma heresia sair com a camisa da seleção argentina, mas lá é comum ver argentinos usando a "canarinha", evidentemente, fora do período da Copa ou de outro tipo de campeonato. Essa informação pode ser estarrecedora para os defensores da perpétua rivalidade, mas os argentinos acham bonita a camisa brasileira para vestir informalmente no cotidiano.

E uma informação que pode deixar muitos torcedores brasileiros traumatizados: os argentinos admiram o futebol brasileiro e gostam do Brasil como um todo. Ou melhor, além de gostar, admiram o Brasil por uma longa lista de fatores, entre os quais está o lado mais frívolo ou de ócio, como as praias, a caipirinha, o Carnaval, a paisagem litorânea, o samba, a bossa nova e os cafés da manhã dos hotéis, pela vasta variedade de frutas tropicais que oferecem.

De quebra, os argentinos consideram as brasileiras o máximo da sensualidade. Conhecemos vários argentinos que tentam marcar um encontro pelo telefone com garotas, só por sabê-las brasileiras, sem nunca as terem visto pessoalmente.

No lado político-econômico, nas últimas duas décadas os argentinos passaram a admirar a industrialização brasileira, a influência regional crescente adquirida desde os anos 1990, o protagonismo político e econômico mundial do Brasil e, acredite se puder, até consideram a classe política brasileira "menos corrupta" e mais eficiente do que a da Argentina!

Mais um detalhe: não adianta contar a um argentino uma piada sobre argentinos. Eles conhecem todas, e até mais algumas que a gente não sabia. Acontece que essas piadas não foram feitas no Brasil, mas na própria Argentina, em função do ácido humor que os argentinos – especialmente os portenhos – possuem sobre si próprios.

Na Argentina existe o mito de que os brasileiros referem-se ao próprio país, à cultura, ao futebol e aos produtos brasileiros como "o *mais grande* do mundo". A frase é pronunciada costumeiramente em Buenos Aires como "*o mais grandgi dú múndô*", com o erro gramatical incluído em vez da forma correta "o maior do mundo". E, em seu primeiro mandato, ao assinar um acordo com a Embraer, a presidente Cristina Kirchner citou a frase, apesar de errada, e além disso, ingenuamente, enfatizou: "Acho fantástico o orgulho dos brasileiros, que se referem assim, 'o mais grande do mundo'! Isso mostra o orgulho que eles têm!".

Voltando ao futebol: os argentinos definem a forma de jogar dos brasileiros com admiração, com a expressão "jogo bonito", pronunciada quase sempre com um peculiar sotaque: "*xóôgo bónito*".

O acadêmico Pablo Alabarces, da Universidade de Buenos Aires (UBA), que realizou com o brasileiro Ronaldo Helal (da UERJ) um debate interessante sobre a relação futebolística entre os dois lados da fronteira, cunhou uma frase que tenta resumir a intrincada trama de sentimentos mútuos: "Os brasileiros amam odiar a Argentina, enquanto os argentinos odeiam amar o Brasil". Helal ressalta que "qualquer rivalidade contém uma dose de admiração e de inveja. Somente rivalizamos com alguém que tem algo que desejamos possuir ou superar".

E, para encerrar: em meados de 2013, no Brasil, durante sua primeira viagem internacional depois de eleito, o papa Francisco (torcedor fanático do San Lorenzo) brincou com jornalistas sobre os cardeais brasileiros, supostamente candidatos derrotados por ele, um argentino: "Deus já é brasileiro... e vocês queriam também um papa brasileiro?".

* * * * *

Agradecemos aos jornalistas argentinos Ezequiel Fernández Moores e Fernando De Dios pelas valiosas contribuições e avaliações críticas durante a preparação deste livro. Além disso, também agradecemos à colaboração do jornalista brasileiro Valtemir Soares Junior pelas sugestões dadas à obra. Além deles, nossos *muchas gracias* ao jornal *Clarín* pelas fotografias cedidas para ilustrar boa parte deste livro.

Dedicatória de Ariel Palacios

Sem a Miriam De Paoli, a mulher que amo, eu nada seria. Portanto, minha parte deste livro somente foi possível graças a ela. Além do apoio permanente, ela deu os conselhos que propiciaram o pontapé inicial desta obra. Outra fonte de estímulo e de alegria foi minha filha Victoria, que tive no colo enquanto escrevia vários dos capítulos (coincidentemente, em meu escritório deu seus primeiros chutes em uma bola, gritando "gol"). Também foram cruciais minha mãe, Marta – de quem me despedi em 2013 – e meu pai, José, além de minha irmã, Verónica, e meu cunhado, Flávio Stein.

Dedicatória de Guga Chacra

Tive a oportunidade de morar no exterior, seja em Buenos Aires, Nova York ou Oriente Médio, graças ao enorme apoio do meu pai e da minha mãe. Ele sempre me incentivando a estudar e a viver no exterior. Ela por ter sido atleta e me colocar dentro do mundo dos esportes. Meu irmão mais velho, Robert, também ajudou muito ao me transmitir seus conhecimentos sobre futebol. O do meio, Léo, por adorar discussões políticas e históricas. Para completar, gostaria de agradecer a Ana Maria, que sempre esteve ao meu lado.

BRASIL X ARGENTINA, UMA RELAÇÃO DE AMOR E ÓDIO

"PERCAM, POR FAVOR, RAPAZES, PERCAM!": O PRIMEIRO JOGO BRASIL X ARGENTINA

O presidente Julio Argentino Roca foi um dos símbolos do patriotismo argentino. Embora controvertido, Roca orgulhava-se de ostentar até o segundo nome de "Argentino". Mas, em 1912, já ex-presidente, Roca preferiu renunciar circunstancialmente ao nacionalismo para evitar problemas com o Brasil. Naquele ano, os dois países estavam mergulhados em tensões comerciais e militares.

Roca, que havia protagonizado a primeira visita de um presidente argentino ao Brasil, em 1899, era considerado um "brasilianista". Por esse motivo, foi enviado em missão especial pelo presidente Roque Sáenz Peña para desarmar os conflitos com o país vizinho.

A visita de Roca coincidiu com o 90° aniversário da proclamação da independência do Brasil. Enquanto participava das festas do Sete de Setembro no Rio de Janeiro, o combinado da Associação Argentina de Futebol jogava com o combinado de São Paulo. O jogo terminou com um placar a favor dos visitantes de 6 a 3. Ambos os lados festejaram o resultado esportivamente.

Haveria uma revanche, no dia 10, no Rio, quando os argentinos enfrentariam um combinado carioca. Mais uma vez, os visitantes venceram, com placar de 4 a 0. Enquanto isso, Roca negociava com o governo do presidente Hermes da Fonseca.

No dia 15, foi a vez do combinado brasileiro. Segundo o historiador Daniel Balmaceda, o jogo começou às 15h35, perante 7 mil torcedores.

Na época, o futebol não movimentava grandes volumes de dinheiro (era amador) nem ainda estava intrinsecamente amarrado aos sentimentos nacionalistas. Nas arquibancadas, os torcedores agitavam bandeirinhas do Brasil e da Argentina. A multidão cantou o hino brasileiro. Na sequência, os argentinos, como cavalheiros, posicionaram-se na frente do palco oficial e deram três hurras ao Brasil.

A partida começou, enquanto a torcida brasileira aplaudia os passes de ambos os lados. A Argentina fez o primeiro gol. Os jogadores argentinos foram parabenizados e abraçados pelos brasileiros. Mas, três minutos depois, os argentinos fizeram o segundo gol. Houve aplausos, mas em menor volume. Antes de o primeiro tempo terminar, os argentinos fizeram o terceiro gol. As bandeirinhas argentinas começaram a sumir.

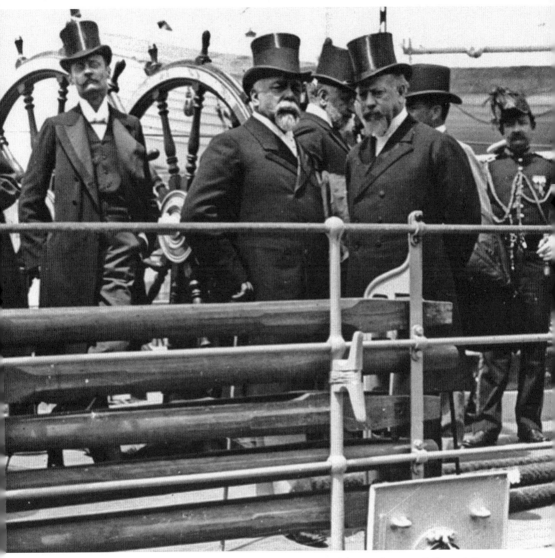

Os presidentes Campos Salles e Julio Argentino Roca no tombadilho de um navio ancorado no porto de Buenos Aires durante a visita do brasileiro à Argentina, em 1899. Roca estimulou os jogos de futebol entre os dois países.

Roca, que assistia ao jogo, foi ao vestiário. Primeiro, parabenizou os jogadores. Depois, fez um apelo dramático: "Rapazes, o Brasil está festejando sua data nacional. Hoje vocês têm de perder. Por favor, façam isso pela pátria argentina! Percam pela pátria!".

Os argentinos voltaram ao campo. E fizeram mais dois gols. O jogo terminou em 5 a 0. Segundo as testemunhas, eles obedeceram às ordens de Roca, pois afirmaram posteriormente que haviam dado uma "desacelerada", caso contrário a goleada teria sido maior.

No entanto, a revanche seria brasileira. Em 1913, Roca doou uma copa, a Copa Roca, que posteriormente seria disputada entre times do Brasil e da Argentina. E, cerca de um ano depois, no dia 27 de setembro de 1914, o Brasil foi à Argentina e venceu por 1 a 0. Os torcedores argentinos invadiram o campo e carregaram nos ombros o goleiro (*goalkeeper* na época) brasileiro Marcos Mendonça.

A Taça da Copa Roca, jogada em 12 ocasiões entre 1914 e 1976, ficou nas mãos do Brasil, o último campeão.

UM SÉCULO DE DISPUTAS
ENTRE BRASILEIROS E ARGENTINOS

A Argentina pode ter enfrentado a Alemanha em duas finais de Copa de Mundo, em 1986 e 1990. O Brasil, por sua vez, jogou contra a Itália em outras duas, em 1970 e 1994, além da fatídica eliminação em 1982, na segunda fase. E são as duas seleções com o maior número de títulos mundiais. Pela lógica, talvez esses clássicos – Alemanha x Argentina e Itália x Brasil – possuíssem uma dimensão maior do que Brasil *versus* Argentina. Mas a história demonstra que a maior rivalidade entre grandes seleções no mundo é a de brasileiros contra argentinos.

Em primeiro lugar, por ter cerca de um século. Em segundo, por serem nações vizinhas e disputarem torneios continentais. Terceiro, por desenvolverem talvez o futebol mais artístico do mundo, com cinco jogadores sempre na lista dos melhores da história – Pelé, Maradona, Messi, Di Stéfano e Garrincha. Quarto, por serem duas das seleções mais vencedoras em Copas do Mundo, somando sete ao todo. Por último, pela história envolvendo os mais de 100 jogos entre esses dois times, que quase sempre são encarados como se fossem de Copa do Mundo.

Crianças em Buenos Aires, Rosário, Córdoba, Santa Fé e La Plata, ao disputarem partidas em campos de terra, sonham um dia jogar a final de uma Copa do Mundo contra o Brasil, assim como seus pares brasileiros em Brasília, São Paulo, Rio, Manaus, Recife e Porto Alegre. Certamente Pelé, Rivellino, Zico, Romário, Ronaldo e Neymar já se imaginaram marcando um gol contra a Argentina. E, da mesma forma, um gol na final do Mundial contra o Brasil passou pela cabeça de Di Stéfano, Kempes, Maradona, Batistuta e Messi. Aliás, Jairzinho, Rivellino, Zico, Serginho, Júnior, Ramón Díaz, Brindisi e Caniggia atingiram esse objetivo em 1974, 1982 e 1990, apesar de não ter sido em uma final.

As disputas entre Brasil e Argentina podem ser divididas em três períodos. O primeiro seriam as partidas até os anos 1960, marcadas pela rivalidade em torneios da América do Sul. O segundo, em Copas do Mundo entre 1974 e 1990. E o terceiro, pós-Copas, quando a rivalidade migrou para outros torneios, como a Olimpíada, a Copa das Confederações e a Copa América.

Primórdios – Um clássico da América do Sul

Os primeiros jogos entre Brasil e Argentina, ainda na era amadora e no começo do profissionalismo, foram marcados por brigas e histórias de ofensas. A não ser pelo primeiro, um amistoso vencido pelos brasileiros em 1914, em Buenos Aires, todas as partidas nos 50 anos seguintes foram em torneios sul-americanos. Nesses anos, também ocorreram as maiores vitórias: do Brasil, um 6 a 2 em 1940; e da Argentina, no 6 a 1 de cinco anos mais tarde.

Eram jogos da Copa Roca e do Campeonato Sul-Americano disputados nos estádios brasileiros e argentinos, além de ocasionalmente em outras nações do continente. Na época, Brasil *versus* Argentina era uma rivalidade apenas regional, sem a dimensão global que teria a partir dos anos 1970.

1974 – Coadjuvantes da Holanda

Na segunda etapa da rivalidade, a partir dos anos 1970, Brasil já era tricampeão do mundo. A Argentina, embora ainda sem títulos, impunha respeito ao redor do mundo por seus times, jogadores e mesmo a seleção. Depois de fracassar e não disputar a Copa do México em 1970, os argentinos conseguiram a classificação para 1974. Na segunda fase daquele torneio, dominado pela Alemanha, país sede, e pela fantástica seleção da Holanda, Brasil e Argentina se enfrentaram pela primeira vez na história das Copas do Mundo. Surpreendentemente, dos quatro enfrentamentos das duas seleções em Mundiais, esse foi o que menos marca deixou.

A partida ocorreu na segunda fase do torneio, na qual os oito times classificados se dividiram em dois grupos de quatro, com o vencedor indo para a final. Brasil e Argentina ficaram juntos, ao lado da Holanda e da Alemanha Oriental. Na primeira rodada, os argentinos foram massacrados pelos holandeses ao serem goleados por 4 a 0. Os brasileiros suaram para vencer os alemães orientais por 1 a 0. Na segunda, ocorreria finalmente o maior clássico da América do Sul.

Os argentinos precisavam vencer para manter uma remota chance de chegar à final. Para o Brasil, um empate em Hannover seria suficiente caso vencesse a Holanda na rodada seguinte. Na partida, os brasileiros, surpreendentemente, usaram seu uniforme número 2, jogando com camisas azuis e calções brancos em vez da tradicional camisa amarela com calção azul.

Rivellino, de fora da área, fez um golaço para abrir o placar. Os argentinos empataram em seguida com Brindisi. No final do segundo tempo, os argentinos já sabiam que estavam eliminados, pois a Holanda vencia a Alemanha Oriental por 2 a 0. O Brasil, porém, pressionava e, aos 49 minutos, pouco antes de o árbitro encerrar a partida, desempatou com Jairzinho. Dias depois, os brasileiros perderiam para os holandeses e seriam eliminados. Os argentinos empataram seu último jogo contra a Alemanha Oriental, em uma partida que não valia nada.

1978 – A Batalha de Rosário

Quatro anos mais tarde, de novo na segunda fase de Copa de Mundo e mais uma vez na segunda rodada, Brasil e Argentina voltariam a se enfrentar. A fórmula da Copa era a mesma, com oito times classificados para a segunda fase e o vencedor de cada grupo disputando a final. Na chave de argentinos e brasileiros, também estavam o Peru e a Polônia.

Na primeira rodada, o Brasil derrotou os peruanos por 3 a 0, enquanto os argentinos venceram os poloneses por 2 a 0. O jogo entre brasileiros e argentinos era praticamente uma semifinal, embora ainda houvesse a última rodada. As duas seleções sabiam que uma vitória significaria praticamente a passagem para a final.

O duelo aconteceu em Rosário, e ó Brasil vestiu sua camisa amarela, mas com o calção branco. Apesar do placar de 0 a 0, o jogo foi tenso, com diversas oportunidades de gol para os dois lados. Talvez os dois melhores em campo tenham sido os goleiros Fillol e Leão, que realizaram impressionantes defesas.

Depois do empate, na rodada seguinte, o Brasil derrotou a Polônia. Mas a Argentina enfrentou o Peru horas depois, sabendo qual o resultado necessário para ir à final. E acabou goleando os peruanos por 6 a 0 em uma das mais polêmicas partidas até hoje na história das Copas, com o time andino sendo acusado de entregar o jogo. Na decisão, os argentinos superaram a Holanda e se tornaram campeões do Mundo pela primeira vez. Mas, como afirma o goleiro Fillol, "ganhamos a Copa ao empatarmos com o Brasil". Os brasileiros ficaram com a fama de "campeões morais", ao terminarem a Copa invictos – ainda derrotaram a Itália na disputa pelo terceiro lugar.

1982 – A superioridade brasileira

Em 1982, pela terceira Copa do Mundo seguida, Brasil e Argentina se enfrentaram. Mais uma vez, na segunda fase. O modelo da Copa, porém, era diferente. Para a segunda fase se classificavam 12 times, sendo divididos em quatro chaves de três. O campeão de cada grupo passaria à semifinal. Brasil, Argentina e Itália acabaram no mesmo grupo.

Na primeira rodada, os italianos derrotaram os argentinos por 2 a 1. No jogo seguinte, era a vez de Brasil *versus* Argentina. Dessa vez, os brasileiros eram os francos favoritos, apresentando o melhor futebol da Copa. A seleção brasileira possuía craques como Júnior, Falcão, Sócrates e Zico e pela primeira vez enfrentava os rivais em um Mundial usando seu uniforme oficial – camisas amarelas e calções azuis. Os argentinos também eram fortes, tendo, além de atletas campeões de 1978, como Passarella e Rámon Díaz, o gênio Diego Maradona.

Os brasileiros dominaram o jogo desde o primeiro tempo e abriram o placar com um gol de Zico, em um rebote de falta batida por Éder. No segundo tempo, Serginho e Júnior ampliaram para 3 a 0, e o placar poderia ser ainda maior se o Brasil não perdesse tantos gols. Cinco minutos antes do fim da partida, Maradona ainda foi expulso por agredir Batista. Os argentinos reduziram com Rámon Díaz no último minuto, mas já era tarde e estavam eliminados da Copa. Na rodada seguinte, os brasileiros perderam para a Itália por 3 a 2. Mesmo assim, entraram para a história como uma das melhores seleções a disputar uma Copa.

1990 – Maradona e Caniggia

Demorou oito anos para Brasil e Argentina se enfrentarem de novo em um Mundial. Dessa vez, os argentinos eram os últimos campeões do mundo, havendo vencido a Copa do México em 1986, e tinham Maradona já consagrado como o maior jogador do planeta. Mas eram os brasileiros que haviam feito a melhor campanha até aquele momento na Itália, em 1990.

Nessa Copa, 16 times se classificavam para as oitavas de final. O Brasil, primeiro colocado de seu grupo com três vitórias em três jogos, enfrentava a Argentina, classificada em terceiro na sua chave, ficando atrás de Camarões e Romênia.

O jogo foi todo dominado pelo Brasil. A Argentina apenas se defendia. A seleção de Lazaroni, porém, não parava de perder gols. Ainda assim, a vitória brasileira parecia ser uma questão de tempo. Mas, aos 35 minutos do segundo tempo, a genialidade de Maradona prevaleceu. Ele dominou a bola no meio de campo, passou por dois jogadores brasileiros e deu um toque leve para Caniggia marcar 1 a 0 para a Argentina. Os brasileiros ainda pressionaram, mas sem sucesso. Ficaram de fora da Copa e o time argentino foi até a final, sendo vice-campeão depois de perder para a Alemanha.

A água de Branco

A partida entre Brasil e Argentina na Copa de 1990 também ficou famosa pela suspeita de que a água entregue pelo massagista argentino a Branco estivesse com sonífero, notando-se que não era a mesma entregue a Maradona. O lateral brasileiro reclamou que estava sonolento e zonzo.

Anos depois, Maradona confirmou a história, embora membros da comissão técnica argentina ainda neguem. "Disso aí não sei de nada, não sei de nada... sempre digo isso. Não tenho ideia". Com essas palavras, o ex-técnico argentino Carlos Salvador Bilardo explicou, em 2005, sua posição sobre seu suposto envolvimento na dopagem do ex-jogador brasileiro Branco, durante a Copa da Itália, em 1990. Diversas versões que circulam no âmbito do futebol argentino indicam que Bilardo teria autorizado – ou ordenado – que fosse entregue a Branco um garrafão de água com tranquilizantes, durante a partida contra a Argentina.

Depois de beber o líquido, oferecido pelos argentinos com aparente inocência para *paliar o calor*, Branco, que havia ingerido grande quantidade da água, ficou com os reflexos lerdos. Na hora de chutar a bola, fazia-o sem força, pelo suposto efeito dos tranquilizantes.

Maradona afirmou no programa de TV *Mar de Fondo* em dezembro de 2004, que o conteúdo do garrafão era Royphnol. "Aí, danou tudo", explicou Maradona.

O craque argentino sustenta que não sabe quem foi o autor da trapaça com Branco. No entanto, com a típica "franqueza maradoniana", confirmou que na seleção argentina de 1990 houve uma manobra clara para deixar "fora de combate" os jogadores brasileiros.

O *affaire* "garrafão do Branco" irritava na época *El Narigón* (O Narigudo, apelido de Bilardo) facilmente. "Poxa! Esse assunto de novo!", foi a expressão utilizada pelo ex-técnico argentino quando o jornal O *Estado de S. Paulo* explicou o motivo da entrevista.

Fazendo pose de Sócrates, o filósofo grego autor da frase "só sei que nada sei", Bilardo, ao ser perguntado se o "garrafão do Branco" era – ou não – uma lenda, disse novamente: "Não sei de nada".

Quando foi questionado se ele possuía algum envolvimento com o caso, o técnico argumentou que os supostos eventos ocorreram havia uma década e meia e que, nesse intervalo, em diversos encontros com jogadores brasileiros, ninguém o incriminou pelo caso:

> Estive com o próprio Branco durante um jogo na Guatemala, e ele nunca me acusou de nada. De lá para cá, falei com Falcão, Casagrande, Júnior, Dunga, Parreira, Scolari... e ninguém me disse nada. E olhe que já passaram muitos anos.

O assunto faz parte do folclore do futebol argentino, mais especificamente, do capítulo da rivalidade desse país com o Brasil, embora até agora não houvesse adquirido grandes dimensões do lado argentino da fronteira. O caso se enquadrava na lista de espertezas argentinas no futebol, ao lado do gol com a mão que Maradona fez contra os ingleses na Copa do México de 1986, ironicamente, chamado de "a mão de Deus".

No entanto, o *affaire* "garrafão do Branco" voltou à tona em 2005, quando a revista *Veintitrés* publicou uma entrevista com o escorregadio técnico, com o irônico título "(Quase) Confesso que fiz trapaça". O parêntese no título ao redor da palavra "quase" irritou Bilardo: "Essas revistas sempre colocam o que elas querem no texto...".

Na breve entrevista à revista, *El Narigón* escapa a uma resposta direta sobre o caso, afirmando que não sabe de nada. No entanto, também afirma: "Não disse que isso não aconteceu, hein?".

Além disso, Bilardo alegou que a imprensa "inventou" muitas lendas sobre ele. Uma delas dizia que ele havia estudado inglês apenas para xingar os britânicos em seu idioma. Outra das lendas é que utilizava alfinetes para furar as bolas de futebol.

Bilardo – que, entre outras peculiaridades, foi candidato à presidência da República em 2003 e possui em sua casa 4.500 videocassetes de jogos de futebol – costuma causar polêmica.

No início deste século, quando era ainda técnico do time do Estudiantes, foi visto com uma taça de champanhe, brindando dentro do estádio do River Plate. O escândalo, na ocasião, foi significativo, já que é proibida a ingestão de bebidas alcoólicas em lugares de jogo. Bilardo defendeu-se: "Não era champanhe... era Gatorade!".

Copa América e Olimpíada

A Copa América de 2004 talvez tenha sido mais emocionante do que os quatro jogos entre Brasil e Argentina em Copas do Mundo. Era a final do torneio sul-americano, realizado em Lima. Naquele ano, os brasileiros traziam uma nova geração de craques depois da conquista do penta no Japão. A Argentina, por sua vez, também apresentava uma série de craques, como Tevez, que depois viria a brilhar no Corinthians.

Os argentinos começaram dominando o jogo e fizeram 1 a 0, de pênalti, no primeiro tempo, com Killy González. Os brasileiros empatariam no final da primeira etapa, com Luisão. A Argentina dominou todo o segundo tempo e fez um gol aos 42 minutos com Delgado. Parecia que a partida estava consolidada. Jogadores como Tevez e Mascherano começaram a fazer firulas para esnobar os brasileiros. Mas, aos 48 minutos, quando os argentinos já comemoravam o título, Adriano acertou uma bomba e empatou o jogo. Nos pênaltis, o Brasil foi campeão.

Três anos mais tarde, em 2007, na Venezuela, os brasileiros voltariam a vencer os argentinos em uma final da Copa América. Mas a vitória, dessa vez, foi mais fácil e o Brasil ganhou por 3 a 0.

A derrota do Brasil, no ano seguinte, na Olimpíada de Pequim, foi uma das mais duras do futebol brasileiro. Os argentinos, que haviam conquistado ouro em 2004, venceram a seleção brasileira por 3 a 0 na semifinal. Os brasileiros, mais uma vez, ficaram sem o ouro, título ainda inédito, enquanto a Argentina se tornou bicampeã olímpica.

A RIVALIDADE ARGENTINA COM A INGLATERRA
(UMA PEDRA NA CHUTEIRA BRASILEIRA)

Na manhã do dia 2 de abril de 1982, os argentinos foram informados da notícia da reconquista das ilhas Malvinas. O arquipélago, que havia sido controlado pelos argentinos durante 13 anos a partir de 1820 (10 anos depois que os espanhóis o haviam abandonado), foi conquistado pelos britânicos, que ali desembarcaram em 1833. Exatos 149 anos depois, o ditador argentino de plantão, general Leopoldo Fortunato Galtieri, com medo de perder o poder, apelou para uma medida desesperada como forma de conseguir o apoio nacional e distrair a atenção popular dos problemas de seu governo: invadir as ilhas.

Centenas de milhares de pessoas foram ao centro portenho celebrar. A Praça de Maio ficou lotada de argentinos que davam hurras a Galtieri. Nos dias seguintes, surgiu um intenso clima antibritânico em Buenos Aires. Esse ambiente de agressividade na Argentina contra tudo o que fosse britânico consolidou-se com a decisão da primeira-ministra Margareth Thatcher de retomar o arquipélago.

A Argentina, até esse momento, havia sido o ponto da América do Sul que havia exibido maior influência da cultura inglesa. Não era à toa que o ditado popular no continente definia o cidadão argentino como "um italiano que fala espanhol e pensa que é inglês".

No entanto, multidões enfurecidas começaram a apedrejar escolas de inglês e empresas que ostentavam nomes britânicos. A farmácia La Franco-Inglesa, para evitar problemas com multidões fanatizadas, optou por cortar uma de suas "nacionalidades" e, assim, amputou de seu cartaz a palavra "inglesa". Dessa forma, a farmácia, fundada em 1892, situada na tradicional *calle* Florida, número 301, transformou-se na farmácia La Franco.

Outra vítima do patrulhamento de nomenclaturas foi o Bar Británico, localizado na esquina das ruas Brasil e Defensa, no bairro de San Telmo, na frente do parque Lezama. O bar – cujos donos eram imigrantes espanhóis da região da Galícia – havia recebido esse nome nos anos 1940 por causa dos veteranos britânicos da Primeira Guerra Mundial que frequentavam o lugar.

Mas, na primeira semana da Guerra das Malvinas, seus vidros foram destroçados com pedradas. Assustados, os donos decidiram mudar o nome do bar. Com pressa – e com medo de um novo ataque – consideraram que a solução mais eficaz e rápida seria remover a primeira sílaba do emblemático estabelecimento. Assim, o Bar Británico transformou-se em Bar Tánico.

Anos depois, um turista grego avisou que "tánico" era uma referência a *tánatos*, isto é, "morte". Os donos do bar, levando em

A então Torre dos Ingleses em foto tirada nos anos 1920, pouco mais de dez anos após ter sido doada pela comunidade britânica portenha à cidade de Buenos Aires para celebrar o bicentenário da Revolução de Maio. Em 1982, durante a Guerra das Malvinas, uma multidão enfurecida tentou destruir a torre, que foi, então, rebatizada de Torre Monumental.

conta que a guerra havia passado e os ânimos violentos estavam adormecidos, rebatizaram o estabelecimento como Bar Británico.

No entanto, apesar da obsessão anti-inglesa que tomou conta de vários setores da sociedade argentina no meio do frenesi da Guerra das Malvinas, nem a ditadura militar e sequer os mais acirrados manifestantes propuseram atacar os times de futebol que ostentavam (e ainda ostentam) sonoros nomes ingleses.

Enquanto a Torre dos Ingleses era alvo de incêndios, escolas de inglês eram atacadas com coquetéis molotov, bares e cafés com nomes alusivos à Grã-Bretanha eram apedrejados, e ruas com nomes ingleses eram rebatizadas, os estádios dos times ficaram incólumes, longe de qualquer anglofobia.

Os torcedores nem sequer perceberam os nomes do River Plate (rio da Prata, em inglês) e Boca Juniors. Ou, se perceberam, talvez tenham considerado que seria demasiada heresia alterar os nomes dos clubes.

Além dos óbvios River Plate e Boca Juniors, na lista dos times que ostentam nomes ingleses estão, entre outros, Racing Club, Newell's Old Boys, All Boys, Banfield, Chaco For Ever e Temperley.

Inglaterra rivaliza com o Brasil

Após a derrota na Guerra das Malvinas, a sociedade argentina encontrou no futebol uma forma de vendeta contra a Inglaterra. Esse esporte já havia se tornado um campo de batalha entre a Argentina e a Inglaterra em 1966, quando as seleções se confrontaram em Londres. Na ocasião, a Argentina perdeu de 1 a 0, fato que causou profunda irritação em Buenos Aires, onde a imprensa atacou o árbitro, acusado de parcialidade.

Os cartolas da Associação de Futebol da Argentina (AFA) também irritavam-se e remetiam à conquista das Malvinas por parte da Grã-Bretanha em 1833: "Os ingleses não se conformam em nos roubar as Malvinas e agora também nos roubam nos jogos de futebol!!".

OS *HERMANOS* E NÓS

Para complicar, o capitão argentino, Antonio Rattín, foi expulso após cometer duas faltas. Cansado, sentou-se sem querer no tapete vermelho da rainha Elizabeth II (que não estava presente na ocasião). Os torcedores britânicos, irritados, começaram a jogar objetos sobre o jogador argentino, que, zangado, se levantou e saiu do campo. Mas, no meio do caminho, pegou uma bandeirola inglesa à beira do gramado e a amarrotou levemente. A torcida inglesa gritava "*animals, animals!*" (animais, animais!) das arquibancadas. O gesto tornou Rattín no jogador mais comentado dessa Copa.

Uma década e meia depois da "amarrotada" de Rattín, a Guerra das Malvinas potenciou a rivalidade argentino-britânica.

Podemos dizer que desde o início do século XX o rival futebolístico por excelência da Argentina foi o Uruguai, país com o qual os argentinos possuíam vários pontos culturais e gastronômicos em comum (tango e carne, principalmente). A Argentina perdeu a Copa do Mundo para a seleção uruguaia em 1930. A derrota ocorreu em Montevidéu, a curta distância de Buenos Aires.

Os times uruguaios e argentinos, até pela proximidade geográfica, confrontavam-se com mais frequência entre si do que com times de outros países, entre eles, o Brasil. Até o início dos anos 1960, o Uruguai foi o principal rival dos argentinos no imaginário coletivo. Mas nessa mesma década, o Brasil começou a ocupar esse lugar, e o posto foi consolidado nos anos 1970.

Mas, em 1982, a Guerra das Malvinas empurrou o Brasil para o segundo plano dentro do imaginário coletivo argentino como o único e principal rival a derrotar nos estádios. Não por questões esportivas, mas por questões geopolíticas. Dessa forma, enquanto para os brasileiros poderia não existir sabor mais supremo do infligir uma derrota à seleção argentina, para os argentinos não haveria maior delícia do que derrotar a Inglaterra. E também o Brasil, se desse.

Isto é, um torcedor argentino médio adoraria derrotar o Brasil nas semifinais e, na sequência, estraçalhar a Inglaterra na final de uma Copa do Mundo.

Pesquisas publicadas na imprensa portenha nas Copas de 2002 e 2006 indicaram que em caso de o Brasil confrontar-se com a Inglaterra, mais da metade dos argentinos torceria a favor do Brasil.

O cientista político Vicente Palermo, especialista em Malvinas e Brasil, afirma que:

> A rivalidade argentino-brasileira no futebol é intensa. Mas é essencialmente presente. Cada jogo renova o conflito esportivo, que não somente carece de conotações extraesportivas, mas também de qualquer raiva por ambas as partes, inteiramente desprovido de contas a saldar.

No entanto, segundo Palermo, "a oposição futebolística argentino-inglesa é completamente diferente". O politicólogo considera que contra a Inglaterra "não se trata somente da profusão de conotações extrafutebolísticas, mas sim, principalmente, de que é um vínculo estabelecido no passado: revive e se restabelece no passado em cada ocasião". Palermo afirma que, nesse caso, para os torcedores argentinos, "cada jogo está carregado de passado e é a ocasião para a vingança".

Gols contra a Inglaterra,
mais saboreados do que os infligidos ao Brasil

Um dos sinais mais evidentes da leve margem na preferência argentina em derrotar a Inglaterra (virtual trauma para muitos no Brasil, por questões de algo que poderíamos pitorescamente chamar de "ódios não correspondidos 100%") é que os dois gols mais recordados pelos argentinos foram marcados contra a Inglaterra (e não contra o Brasil).

Os dois gols em questão foram realizados na Copa do Mundo de 1986, no México. O autor de ambas as marcas foi o então jogador número 10 da seleção argentina, Diego Armando Maradona.

Um dos gols de Maradona foi aquele batizado *la mano de Dios* (a mão de Deus), isto é, a própria mão do jogador, a qual passou despercebida para o árbitro, que validou o gol.

O outro gol foi conseguido após driblar seis jogadores ingleses (incluindo o próprio goleiro inglês). Essa segunda marca no arco inimigo levou o prêmio de "gol do século" ou "o melhor gol da história da Copa Mundial de Futebol", definido em uma pesquisa na internet feita pela Fifa em 2002.

Para aumentar a rivalidade entre os dois países, o denominado "segundo gol do século" foi (ironias do destino futebolístico) um lance infligido pelos ingleses aos argentinos. Esse gol foi de autoria de Michael Owen, na Copa do Mundo da França de 1998, após significativa exibição de virtuosismo no gramado.

A historiadora Ema Cibotti ressalta em seu livro *Queridos enemigos* (Queridos inimigos) a expressão popular "contra os ingleses é melhor". Cibotti também recorda a desafiante frase sempre cantada pela torcida argentina, quando salta nas arquibancadas ou nas praças para estimular a seleção: "Quem não pula é um inglês". Mesmo que o jogo não seja contra a Inglaterra. Não existia, até o momento de publicação deste livro, a expressão "quem não pula é brasileiro".

Cibotti também afirma que, desde que a Guerra das Malvinas acabou, as restrições contra a Inglaterra foram significativamente reduzidas: "Desde essa época, a anglofobia passeia apertada em um punho... mas só dentro dos campos de futebol".

River Silver ou River Plate?

O nome em espanhol da via fluvial (a mais larga do mundo) que separa Buenos Aires de Montevidéu é Río de la Plata (rio da Prata, em português). Para os ingleses, esse rio – que gerou o nome de um dos principais times argentinos – não é o River Silver, mas sim River Plate, já que *plate* foi sinônimo de *silver* (prata) e também de ouro, durante séculos. Foi o termo usado especialmente pelos piratas para referir-se genericamente aos metais mais importantes na época dos descobrimentos.

Nos séculos XVI e XVII, o nome do rio foi traduzido dessa forma ao inglês, possivelmente por sir Francis Drake (ou pelo menos por alguém de seu *entourage* naval).

Nos mapas em inglês, o rio, se não está no original em espanhol, aparece como River Plate. Essa também foi a denominação aplicada por historiadores britânicos ao confronto entre navios da Coroa e o encouraçado do Terceiro Reich Graff Spee: *The battle of the River Plate* (A batalha do rio da Prata). Os alemães, no entanto, referem-se a esse embate no início da Segunda Guerra Mundial como o *Seeschlacht vor dem Rio de la Plata*.

O TERMO "MACAQUITO": MITO OU REALIDADE?

Nunca vi a palavra "macaquito" nos jornais argentinos publicados entre 1970 e 2006, os quais pesquisei exaustivamente para minha tese. Exceto na famosa manchete do jornal *Olé* em 1996, na qual se usou, especificamente, a palavra "macacos" e para referir-se às seleções da Nigéria e do Brasil conjuntamente. Não vi a palavra "macaquito" em publicação argentina alguma nesse período,

OS *HERMANOS* E NÓS

sequer ouvi essa expressão nos jogos de futebol a que assisti na Argentina quando os *contrincantes* eram times brasileiros. Sequer ouvi a palavra por parte de argentinos fora dos estádios, em circunstâncias não esportivas, ao referir-se aos brasileiros.

Com essas palavras, o acadêmico brasileiro Ronaldo Helal, que residiu em Buenos Aires na primeira década deste século, nos explicou a ausência da palavra "macaquito" ou "macaquitos" no linguajar argentino. Explicar isso no Brasil não é fácil, já que está muito enraizada a lenda urbana sobre a palavra "macaquito".

Diversos jornalistas argentinos que trabalham no setor esportivo há décadas – e que são muito críticos da própria sociedade argentina – nos indicaram que o termo simplesmente não existe. Até porque, se fosse usada a palavra indicada para "macaco" no idioma espanhol, seria *"mono"* e o termo no diminutivo, *"monitos"* (e não "macaquitos").

Além disso, nenhum de nós dois, os autores (Ariel Palacios, que reside em Buenos Aires desde 1995, e Guga Chacra, que ali morou no ano 2000), vimos ou ouvimos a palavra como forma de referir-se de forma depreciativa/racista aos brasileiros. Também verificamos que os sites que fazem referência ao termo são, em sua imensa maioria, brasileiros, e constatamos ausência quase total da palavra com o objetivo de ofender os cidadãos do Brasil nos sites argentinos.

Ocasionalmente a palavra aparece no texto de algum comentarista brasileiro no portal de jornais portenhos. Ou, e nesse caso de forma peculiar, a palavra "macaquito" aparece de vez em quando em algum ponto da vasta internet em comentários de um suposto torcedor argentino. Mas, tudo indicava nos casos verificados – devido ao péssimo espanhol – que se tratava de brasileiros tentando parecer que eram argentinos querendo ofender o Brasil. No universo da web o que não falta são os *trolls*.

Aproveitando a presença de uma dezena de correspondentes brasileiros em Buenos Aires, junto com um grupo de diplomatas do Itamaraty, fizemos a mesma pergunta em 2012: "Já ouviram, pessoalmente, a expressão 'macaquitos' proferida por um argentino?". Nenhum dos presentes a havia ouvido. Mas todos haviam escutado de outros brasileiros que diziam que algum amigo havia ouvido que alguém disse que essa era a forma como os argentinos se referiam a nós, brasileiros, de forma depreciativa/racista.

No entanto, as lendas urbanas quase sempre estão ancoradas em algum fato da realidade. E, nesse caso, embora o termo "macaquito" não exista no cotidiano argentino, foi escrito uma vez, no remoto ano 1920. Mais especificamente no domingo, 3 de outubro de 1920, quando um uruguaio, o jornalista Antonio Palacio Zino, escreveu uma coluna no jornal *Crítica* de Buenos Aires com o título "Monos en Buenos Aires", isto é, "Macacos em Buenos Aires". O artigo era ilustrado por uma caricatura do desenhista Diógenes Taborda, que havia representado os brasileiros como símios vestidos com o uniforme de futebol. Aliás, ironias da vida, o apelido de Taborda era *El Mono* (O Macaco).

O uruguaio Zino era famoso por dar apelidos a todo tipo de clube ou jogador. Ele denominou os jogadores do Platense de "lulas na tinta" em alusão ao fato de os integrantes desse time darem o melhor de si quando jogavam em campos que eram barro puro, e ficarem escuros como os supracitados cefalópodes. Em outros casos sobre times argentinos foi mais ferino.

A coluna que ele escrevia ocasionalmente como *freelancer* desse jornal tratava sobre a presença da seleção do Brasil em Buenos Aires, proveniente de Viña del Mar, no Chile, onde havia ocorrido o Campeonato Sul-americano (predecessor da atual Copa América). Na ocasião, o Uruguai havia sido o campeão, em segundo lugar estava a Argentina e, no terceiro posto, o Brasil.

Reportagem e ilustração retratam brasileiros como macacos no jornal *Crítica*, de 3 de outubro de 1920. O título do artigo usa o termo em espanhol (*monos*), mas no corpo da matéria aparece o portunhol "macaquitos".

Os brasileiros tinham que parar em Buenos Aires, depois da viagem de trem desde Santiago, antes de pegar o navio rumo ao Brasil. Por isso, argentinos e brasileiros aproveitaram para combinar um amistoso naquela cidade em beneficência do Lar dos Órfãos Militares. O jogo seria no campo do Sportivo Barracas, na zona sul de Buenos Aires.

Zino, que além de advogado havia sido jogador de futebol, integrado a seleção uruguaia e enfrentado o Brasil em 1919, deixou claro que não apreciava os brasileiros logo no início de seu artigo no jornal argentino: "*Ya están los macaquitos en tierra argentina*". Isto é, "já estão os 'macaquitos' [sic, em um mix de palavra em português, com diminutivo em espanhol] em terra argentina". Depois, continuava, com sarcasmo sobre a cor da pele dos jogadores: "Esta tarde teremos que ligar as luzes para vê-los". No resto do artigo, Zino ressaltava a "glória" da raça americana (isto é, a mestiçagem entre espanhóis e indígenas).

No entanto, no domingo, dia da publicação, choveu torrencialmente e o jogo foi adiado para o dia 25. Durante a semana, os brasileiros ficaram sabendo do artigo. Na sequência, partiram para a sede do jornal *Crítica*, onde, diz a lenda, tentaram (mas não conseguiram) fazer com que Zino mastigasse o artigo. "Brincadeira, brincadeira!", teria argumentado o jornalista uruguaio quando viu a seleção brasileira em peso dentro da redação. As informações da época indicam que o caricaturista Taborda também escapou, mas quase teve que levar às vias estomacais a ilustração com os macacos.

Zangados, vários jogadores brasileiros saíram da redação do jornal afirmando que não participariam do jogo beneficente daquele fim de tarde. Dessa forma, Telefone (José de Almeida Neto), Japonês (Adhemar Martins), Antônio Brandão Rodrigo, Durval Junqueira Machado, Agostinho Fortes Filho, Zezé (José Carlos Guimarães) e o capitão Augusto Maria Sisson Filho, entre outros, foram passear na então elegante rua Florida (que desde os anos 1990 deixou de ser *in* para os portenhos).

Sem esses jogadores, o time brasileiro encontrou-se desfalcado. Apenas seis toparam participar do embate. E, com Oswaldo Gomes, o técnico (cuja última participação internacional havia sido em 1914), conseguiram quebrar o galho para reunir sete homens. O time portenho de Nueva Chicago foi solícito e cedeu na hora da partida os jogadores Del Plata, Solari e Baigorri, além de um quarto nome que foi perdido nas brumas do tempo. Esses quatro argentinos completaram os 11 necessários, vestindo a camisa da seleção brasileira.

No entanto, os 5 mil portenhos da plateia no campo do Sportivo ficaram furiosos quando viram que haviam pagado ingressos para ver um jogo internacional, mas que na realidade, no campo, quase metade do time estrangeiro estava composto por nativos argentinos. O público começou a vaiar em peso, além de arremessar objetos sobre o gramado. Os organizadores tiveram que suspender tudo e, minutos depois, decidiram retomar a partida com uma fórmula inédita: apenas sete homens de cada lado.

Assim, do lado brasileiro jogaram Ayrton Bacchi de Araújo (Fluminense), Julio Kuntz (Flamengo), João de Maria (Andaraí), Oswaldo Gomes (Fluminense), Constantino Mollitsas (Santos), Cypriano Nunes Castelhano (Santos), Ismael Alvarizza (Brasil-RS). E do lado argentino jogaram Américo Miguel Tesoriere (Boca Juniors), Florindo Bearzotti (Belgrano Rosário), Antonio Roque Cortella (Boca Juniors), Bleo Pedro Fournol Calomino (Boca Juniors), Rodolfo Bruzzone (Sportivo Palermo), Fausto Lucarelli (Banfield), Raúl Echeverría (Estudiantes de La Plata).

A Argentina venceu por 3 a 1. Dois gols de Echeverría e um de Lucarelli. O gol brasileiro foi marcado por Castelhano. Kuntz, que era goleiro, teve que quebrar o galho como zagueiro.

No dia seguinte, os brasileiros receberam diversas homenagens e declarações de solidariedade pelo artigo do jornalista uruguaio no *Crítica*. A própria chancelaria argentina, depois de uma reclamação da embaixada do Brasil, também criticou o artigo publicado no jornal em Buenos Aires. Mas, paradoxos da política: um ano depois, o racismo partiu do Brasil, quando o presidente Epitácio Pessoa, nascido em Umbuzeiro, Paraíba, exigiu à delegação brasileira que excluísse os jogadores negros do Campeonato Sul-americano de 1921.

"Ficou no imaginário coletivo dos brasileiros a ideia de que os argentinos são muito racistas", explica o brasileiro Helal:

BRASIL X ARGENTINA, UMA RELAÇÃO DE AMOR E ÓDIO

A coisa chegou ao ponto de na Copa de 2002 eu ver um colunista brasileiro criticar a Argentina com o insólito argumento de que o país vizinho não colocava negros em sua seleção. Ora, a Argentina não tem jogadores negros na seleção porque a quantidade de negros no país é minúscula! Seria a mesma coisa que reclamar de a seleção brasileira não contar com jogadores de origem coreana, uma minoria no Brasil.

Segundo Helal, a publicidade brasileira, em tempos de Copa, ocupa um tempo considerável em criticar a Argentina.

Às vezes são jocosas, às vezes são ofensivas. Mas, é interessante ver que do lado argentino não costumam ocorrer publicidades semelhantes sobre os brasileiros. A provocação é mais forte do Brasil com a Argentina do que da Argentina com o Brasil. Até porque o Brasil não tem outros antagonistas. Mas os argentinos possuem outros grandes rivais no futebol além do Brasil, principalmente os ingleses. E, antes, estavam também os uruguaios.

Em sintonia com Helal, o jornalista esportivo e escritor argentino Ezequiel Fernández Moores, autor de *Breve historia del deporte argentino* (Breve história do esporte argentino), nos comentou que lamenta que o jornalismo tenda a simplificar cada vez mais.

E, em meio de tanta simplificação, o jornalismo atual ainda por cima cai com muita frequência nos estereótipos, onde ele fica ancorado. Em muitas ocasiões, percebo, interessa mais provocar do que informar. É como o caso da expressão "macaco". Ficou o estereótipo, bastando apenas que um jornal de Buenos Aires nos anos 20 e outro nos anos 90, o jornal *Olé*, citassem a palavra em uma ocasião cada para que essa imagem ficasse no Brasil sobre a Argentina.

RACISMO E RIVALIDADE

Em 2005, um dos mais prestigiados escritores da Argentina, Martín Caparrós, conversou com o autor Ariel Palacios sobre o racismo no futebol. Um dos poucos intelectuais do país que se dedica, além de à atividade literária, à pesquisa esportiva.

Ariel – No Brasil afirma-se que os argentinos utilizam a palavra em português, "macacos", e não o espanhol *monos*, para denominá-los de forma racista. Mais especificamente com o diminutivo espanholizado de "macaquitos". O jornal esportivo *Olé* uma vez publicou a manchete direcionada aos brasileiros e nigerianos "Que vengan los *macacos*" (que venham os macacos)...

Caparrós – Exceto a manchete do *Olé*, nunca vi essa palavra sendo usada aqui cotidianamente. Nos estádios a gente pode ouvir a torcida mais pesada gritando diversos xingamentos direcionados aos brasileiros. Mas esse termo que você disse, não mesmo. Da mesma forma que os chilenos são chamados de *chilotas*; os paraguaios, de *paraguas*; os bolivianos, de *bolitas*; os brasileiros são chamados popularmente de *brazucas*. Mas, cotidianamente, ninguém usa "macaquitos". É mito. Os brasileiros não contam com uma denominação diferenciada ou "privilegiada" à dos outros vizinhos da região...

Ariel – A sociedade argentina é racista?

Caparrós – É muito racista. E é tão racista que se encarregou de eliminar o que fosse objeto de racismo. A Argentina tinha uma população negra significativa no século XVIII e começo do XIX, pelo menos na cidade de Buenos Aires ao sul. Mas, especialmente a partir de 1870, os negros foram enviados ao sul pelo governo como tropas para exterminar os índios. Dessa forma, índios e negros exterminaram-se mutuamente. O país entrou em uma nova etapa racista nos anos 1930 e 1940, quando a população mestiça indígena começou a vir para a região industrial do país. Essas pessoas eram chamadas "cabecinhas negras" pelos brancos de Buenos Aires. Elas são o alvo do racismo e da discriminação social.

Ariel – Historicamente o Brasil foi o maior rival da Argentina no futebol? Ou esse posto esteve também ocupado durante décadas pelo Uruguai e, mais recentemente, pela Inglaterra?

Caparrós – É interessante ver como foi mudando a representação do Brasil na Argentina. No começo do século XX, a Argentina era a grande potência da região, uma das dez economias do mundo. E o Brasil era encarado como um país de canaviais, com muita selva e mosquitos. Na primeira metade do século, era o Uruguai – e não o Brasil – o grande rival no futebol. Mas, em meados dos anos 1950, o Brasil começa a se constituir como uma potência futebolística. Na época, a relação geopolítica estava ainda mais ou menos equilibrada. Mas já dava para notar que o Brasil subia como potência econômica, e a Argentina começava seu declínio. Nas décadas seguintes, a situação foi mudando e, hoje em dia – e isso é algo que custou muito para os argentinos aceitarem –, eles já se resignam, e sabem que se trata da relação de um Davi contra um Golias. A única coisa que nos resta é ganhar dos brasileiros de vez em quando no futebol. Mas os brasileiros são nossos "inimigos-irmãos". Os ingleses não. São "inimigos". Por causa da Guerra das Malvinas, queremos ganhar deles sempre no futebol. Ou até que o Brasil derrote os ingleses no campo. Por isso, quando o Brasil enfrenta a Inglaterra, torcemos pelos brasileiros.

Ariel – O clima já é de resignação...

Caparrós – Não é nem mais ressentimento o que existe. É como naquela etapa em que uma pessoa toma conhecimento de que tem câncer e a aceita...

> *Já em outros países da América...*
>
> A palavra "macaco" formalmente existe em espanhol, mas é um arcaísmo, que por seu lado deriva do português "macaco". E esta, por seu lado, é originária de um idioma banto: *makaku*, que significa "alguns símios" (isto é, quando você fala macaco, na realidade está se referindo a vários).
>
> Na República Dominicana a palavra "macaco" é usada para referir-se carinhosamente a crianças pequenas. Por exemplo: *Ese es tu macaco?* (equivalente a "esse é teu filho pequeno?"). No entanto, na Venezuela a palavra equivale a macaco mesmo. E é ocasionalmente usada para ofender as pessoas que provêm da África subsaariana.

QUEM É O BOCA BRASILEIRO?

COMPARAÇÕES ENTRE TIMES BRASILEIROS E ARGENTINOS

Uma das perguntas sempre feitas em Buenos Aires quando um argentino conversa com um brasileiro a respeito de futebol é sobre qual seria o Boca Juniors do Brasil. A resposta não é simples. Afinal, no Brasil, há pelo menos 12 times grandes nacionais divididos em quatro estados – São Paulo, Rio de Janeiro, Minas Gerais e Rio Grande do Sul. Há também grandes estaduais espalhados pelo país, sendo alguns deles de tradição nacional, como os do Paraná, de Goiás, de Pernambuco e da Bahia. Para completar, existem ainda times médios no interior paulista.

A comparação entre equipes da Argentina e do Brasil, portanto, deve ser feita em relação aos estados brasileiros, e não a todo o Brasil. Existiria um Boca gaúcho, um River mineiro, um Racing carioca, um Independiente paulista? Mas mesmo essa comparação é complexa. Afinal, o Rio Grande do Sul possui apenas dois grandes times, contra cinco da Argentina. O mesmo se aplica a Minas Gerais e Bahia.

Para começar, devemos estereotipar um pouco os times da Argentina para depois aplicar o modelo aos estados brasileiros e ver quais seriam seus equivalentes. O Boca Juniors é o mais popular. O River, associado às elites. O Racing, conhecido por ser *La Academia*. O Independiente, com histórico internacional e sete Libertadores. O San Lorenzo, um time grande, mas sem muita tradição fora das fronteiras argentinas. O Newell's Old Boys e o Rosario Central, os grandes do interior que já foram campeões. Por último, há os times de bairro, como Vélez, Ferro Carril, Huracán e Chacarita.

Boca do Brasil

Nos estados brasileiros, podemos dizer que o Boca seria o time das massas, como Corinthians, Flamengo, Internacional, Atlético-MG, Bahia, Sport e Coritiba. Cada um desses times representa um pouco do que é ser *xeneize* em seus estados. É o "povão", como seus próprios torcedores gostam de dizer.

A comparação, porém, não é totalmente perfeita. Flamengo, Corinthians (até 2013) e Bahia não possuem estádios próprios. O Boca Juniors, por sua vez, tem a Bombonera como seu símbolo. Nesse sentido, o Internacional se assemelharia mais, com o Beira-

Rio, assim como o Atlético-MG, com o Independência. No Paraná, embora o Coritiba tenha o Couto Pereira, o estádio mais parecido com o do time argentino é a Arena da Baixada, do Atlético-PR.

Além disso, o Boca Juniors, como grande parte dos times argentinos, é associado à comunidade italiana. Mas, em São Paulo, a equipe italiana sempre foi o Palmeiras, não o Corinthians. O mesmo vale para o Cruzeiro, em Belo Horizonte, que também era chamado de Palestra Itália. No Rio, nenhuma das equipes foi fundada por imigrantes italianos.

River do Brasil

O River Plate, por sua vez, seria o São Paulo, o Fluminense, o Grêmio, o Cruzeiro, o Vitória, o Náutico e o Atlético-PR. Algumas dessas equipes, da mesma forma que o River Plate, são associadas à elite, embora não todas. Sem dúvida, os três tricolores (paulista, carioca e gaúcho) são historicamente os times dos "ricos" em seus estados. O Atlético-PR e o Náutico, também.

O São Paulo e o Grêmio também possuem estádios que lembram o Monumental. Já o Fluminense manda seus jogos no Maracanã, e não na pequena sede de Laranjeiras. O Cruzeiro também depende do Mineirão, estadual e hoje licitado para uma empresa privada. O estádio do Atlético-PR, como descrito anteriormente, lembra mais a Bombonera. O Náutico, que possuía o terceiro maior estádio do Recife (Aflitos), com a Copa, passará a ter o mais moderno – Arena Pernambuco; ainda assim, diferente do River, que tem o maior estádio da Argentina.

Outra diferença envolve os clássicos. Fla-Flu é o maior clássico do Rio, assim como Boca-River. Mas o Vasco, e não o Fluminense, tem a segunda maior torcida do Rio de Janeiro. Em São Paulo, acontece o inverso. Corinthians *versus* São Paulo reúne os dois times com maior número de torcedores no estado. O clássico mais tradicional da cidade, porém, é Corinthians e Palmeiras. Sport *versus* Santa Cruz, e não Sport e Náutico, seria o Boca-River de Pernambuco.

Já Ba-Vi, Atlético e Cruzeiro, Gre-Nal e Atle-Tiba seriam as partidas mais similares a um Boca-River.

Racing do Brasil

Mais difícil ainda seria comparar o Racing. Uma equipe com mais de um século de história, conhecida por ter obtido mais sucesso no passado do que na atualidade e apelido de *La Academia*. Em São Paulo, não existem dúvidas. O Racing seria o Palmeiras. Talvez, no Rio, o Botafogo e, em Pernambuco, o Santa Cruz. Não há similar em Minas Gerais, Rio Grande do Sul, Bahia e Paraná.

Palmeiras e Racing têm uma série de semelhanças. O alviverde paulista, inclusive, também ostenta o apelido de Academia. Nos anos 1960, embora à sombra do Santos, teve seu auge, assim como o time de Avellaneda. Depois, o alviverde ficou 17 anos sem ser campeão, entre 1976-93, assim como o Racing, que ficou mais de 30. Por último, até 2013, havia enfrentado sucessivas crises, como o seu similar argentino. O Botafogo, ainda que em menor escala, também enfrentou crises graves recentes, como o Racing. Teve seu auge nos anos 1960 e, posteriormente, ficou duas décadas sem levantar uma taça. O mesmo se aplica ao Vasco, que caiu duas vezes para a Segundona na última década. O Santa Cruz, embora aos poucos renasça, chegou a despencar para a quarta divisão do Brasil, sem nunca deixar de ser grande em seu estado.

Independiente, San Lorenzo e Vélez do Brasil

O Independiente, por sua vez, é o time internacional, com suas sete Libertadores. Dos brasileiros, teria mais proximidade com o Santos, em São Paulo, outro time com muitas conquistas no passado. No Rio de Janeiro, exagerando um pouco, pode ser o Vasco, que também tem semelhanças com o Racing. Não existe, em nenhum outro estado, um time parecido.

Como a Argentina tem cinco grandes, sobra o San Lorenzo. Em São Paulo, poderia ser a Portuguesa. Mas o time do papa Francisco tem bem mais torcedores do que a Lusa. Também possui mais conquistas. De certa forma, a equipe do Canindé até se parece mais com o Huracán. O rival do San Lorenzo lembra ainda o América do Rio e o América de Minas Gerais. Dos brasileiros, talvez o Paraná Clube, de Curitiba, seja o mais parecido com o time do papa. O Botafogo, por sua vez, também teria algo do San Lorenzo.

O Vélez, apesar de ser uma equipe de bairro, tem muitas conquistas para ser comparado a clubes de bairro brasileiros. Ferro Carril, Chacarita, Atlanta, Argentinos Juniors seriam mais parecidos com o Juventus da rua Javari, Bangu, Olaria e Bonsucesso. O Lanús talvez fosse o São Caetano.

Os rosarinos do Brasil

Rosario Central e Newell's podem tanto ser comparados aos grandes de estados como Minas, Rio Grande do Sul e Bahia como também aos dois times de Campinas (SP) – Ponte Preta e Guarani. Os do interior paulista representam bem a dimensão dos dois rosarinos. São equipes com mais de um século e que sempre estiveram perto dos grandes da capital – o Bugre chegou, inclusive, a ser campeão brasileiro, e a Ponte disputou uma final de Copa Sul-Americana.

Essas comparações, porém, não devem ser levadas ao pé da letra. Apenas ajudam mais ou menos a se situar no futebol argentino. Torcer para o River seria parecido, mas não igual, a torcer para o São Paulo. Um palmeirense gosta tanto da história do seu time como um torcedor do Racing. A massa corintiana é fiel ao seu time como a do Boca. As características, entretanto, muitas vezes se misturam, e dá para dizer que o Palmeiras seria o clube dos italianos como o Boca, embora, como veremos, o River também tenha sido fundado por imigrantes da Itália.

LISTA DOS TIMES

Boca = Corinthians, Flamengo, Atlético-MG, Internacional, Coritiba, Bahia e Sport.

River = São Paulo, Fluminense, Cruzeiro, Grêmio, Atlético-PR, Vitória e Náutico.

Racing = Palmeiras, Botafogo (ou Vasco) e Santa Cruz.

Independiente = Santos e Vasco (ou Botafogo).

San Lorenzo = Paraná Clube e Botafogo.

Huracán = Portuguesa e América do Rio.

Lanús = São Caetano.

Chacarita, Ferro Carril, Atlanta e Argentinos Juniors = Juventus, Bangu, Bonsucesso e Olaria.

Vélez = sem similar no Brasil.

ARGENTINOS QUE JOGARAM NO BRASIL

Agustín Cejas – Goleiro, foi campeão da Libertadores e do Mundial Interclubes pelo Racing. Em 1970, transferiu-se para o Santos

(SP), onde jogou ao lado de Pelé até 1974, quando foi para o Grêmio (RS). Conquistou, em 1973, o Campeonato Paulista.

Barcos – Depois de jogar na Sérvia, na China e no Equador, chegou ao Palmeiras (SP) em 2012, onde virou ídolo da torcida. No ano seguinte, depois da queda do time para a série B, transferiu-se para o Grêmio (RS).

Conca – Revelado pelo River Plate e com passagens pelo Rosario Central e pelo Universidad Católica do Chile, chegou ao Brasil pelo Vasco da Gama (RJ), em 2007. Mas faria sucesso mesmo no Fluminense (RJ), para onde se transferiu em 2008, conquistando o Campeonato Brasileiro de 2010, além de ser eleito o melhor jogador do torneio. Em 2011, foi jogar na China, mas retornou ao time do Rio em 2014.

D'Alessandro – Era uma das grandes promessas do futebol argentino, ao lado de Tevez e Mascherano, quando começou no River Plate. Mas seu desempenho na Europa ficou aquém do esperado e acabou voltando ao seu país, para jogar no San Lorenzo. Em 2008, transferiu-se para o Internacional (RS), onde conquistou a Copa Libertadores em 2010. Foi medalha de ouro na Olimpíada de 2004.

Echevarrieta – Um dos dez maiores artilheiros da história do Palmeiras (SP), atuou no clube no começo dos anos 1940. No Brasil, jogou ainda pelo Santos, Ypiranga e São Bento.

Fillol – Um dos maiores goleiros da história da Argentina, defendeu a seleção nas Copas de 1974, 78 e 82, jogando contra o Brasil nas três vezes. No auge da sua carreira, foi do River Plate por nove anos até 1983, quando acabou indo para o Flamengo. Ficou dois anos no time do Rio de Janeiro, entre 1984 e 85, antes de se transferir para o Atlético de Madrid. Seu único título no Brasil foi uma Copa Guanabara.

Gandulla – Atuou no Vasco (RJ) nos anos 1930 e ficou célebre por ir buscar as bolas chutadas para fora do campo, recolocando-as rapidamente em jogo. Por esse motivo, no Brasil, chamam-se gandulas os pegadores de bola.

OS *HERMANOS* E NÓS

Jose Villalba – Nascido em 1921 na Argentina, atuou no Brasil durante toda a década de 1940, jogando no Internacional (RS), Atlético (MG) e Palmeiras (SP). Foi cinco vezes campeão gaúcho.

Mancuso – Quando jogava no Boca Juniors, em 1995, acabou sendo contratado pelo Palmeiras (SP), onde ficou conhecido pela raça. No ano seguinte, foi para o Flamengo (RJ) e, posteriormente, ao Santa Cruz (PE). Venceu a Copa América de 1993 e jogou a Copa de 1994. No Brasil, conquistou o Campeonato Carioca de 1996.

Mascherano – Revelado pelo River Plate, foi para o Corinthians (SP) junto com Tevez, sendo campeão brasileiro e, posteriormente, se transferiu para o West Ham. Depois de uma passagem pelo Liverpool, foi para o Barcelona, integrando um dos melhores times da história, vencendo a Liga dos Campeões e o Mundial de Clubes em 2011. Hoje é um dos maiores meio-campistas do mundo. É um dos raros atletas a ser bicampeão olímpico. Jogou a Copa do Mundo de 2006 e foi capitão da seleção argentina na de 2010.

Menotti – Mais conhecido como o técnico da seleção da Argentina campeã mundial de 1978, atuou ao lado de Pelé, no Santos (SP), e também no Juventus (SP) da rua Javari,

Montillo – Revelado pelo San Lorenzo da Argentina e com passagens por México e Chile, foi contratado pelo Cruzeiro (MG), onde jogou três temporadas. Em 2013, foi para o Santos (SP). Nos dois clubes, destacou-se como grande goleador.

Perfumo – Depois de construir uma vitoriosa carreira no Racing, onde conquistou a Libertadores e o Mundial Interclubes de 1967, mudou-se para o Cruzeiro (MG) em 1971. Nos quatro anos no time mineiro, foi tricampeão estadual.

Poy – Foi goleiro do São Paulo (SP) por 14 anos, do fim da década de 1940 até o início dos anos 1960. Fez quase toda a carreira no time brasileiro, onde foi quatro vezes campeão paulista. Posteriormente, retornou ao time do Morumbi como treinador.

Ramos Delgado – Zagueiro do Santos (SP) no final da década de 1960 e começo da de 1970, jogou ao lado de Pelé. Foi tricampeão paulista em 1967, 1968 e 1969, e ainda venceu o torneio mais uma vez em 1973. Abandonou a carreira na Portuguesa Santista (SP). Em 1977, chegou a dirigir o Santos (SP), voltando ao clube na década de 1990 para comandar as categorias de base.

Sabella – Treinador da seleção argentina desde 2011, teve uma passagem pelo Grêmio (RS) em 1985. Jogou na Inglaterra, no México e também no Independiente, Estudiantes e Ferro Carril na Argentina. Mas ficou marcado mesmo como técnico.

Sastre – Um dos maiores jogadores da história da seleção da Argentina, atuou pelo São Paulo (SP) entre 1942 e 46, sendo três vezes campeão paulista. Venceu a Copa América por seu país também em três oportunidades.

Sebastián Domínínguez – Revelado pelo Newell's Old Boys, Seba foi para o Corinthians (SP) em 2005 junto com Tevez e Mascherano e conquistou o Brasileiro. Mas, em vez de optar pela Europa, retornou para a Argentina, onde jogou no Estudiantes. Depois de uma rápida passagem pelo América do México, voltou a Buenos Aires em 2008, para o Vélez, onde venceu o Campeonato Argentino quatro vezes. A partir de 2012, passou a ser convocado para a seleção argentina.

Sorín – Capitão da seleção da Argentina na Copa de 2006, esse lateral-esquerdo também jogou a de 2002. Com três passagens pelo Cruzeiro (MG), se tornou um dos maiores ídolos da história do clube. Fora dos campos, sempre foi admirado por sua inteligência.

Tevez – Uma das maiores revelações do Boca Juniors, onde venceu uma Libertadores, Tevez foi comprado pelo Corinthians (SP) em 2004. No clube paulista, foi campeão brasileiro em 2005 e ajudou o Corinthians a ganhar dimensão internacional. Depois de passar por três times da Inglaterra (West Ham, Manchester City e Manchester United), transferiu-se para a Juventus da Itália. Foi medalha de ouro na Olimpíada de Atenas e disputou as Copas do Mundo de 2006 e 2010.

BRASILEIROS QUE JOGARAM NA ARGENTINA

Poucos foram os craques brasileiros que jogaram em equipes de futebol da Argentina, apesar de haver times ricos em Buenos Aires aptos a empregá-los, como Boca Juniors e River Plate. Não que os argentinos não gostem de estrangeiros. Uruguaios, chilenos e colombianos são comuns nos gramados dos estádios Monumental, Bombonera, Nuevo Gasómetro e Cilindro. Tampouco existe algo contra o Brasil – jogadores como Rivellino, Sócrates, Romário, Rivaldo e Ronaldinho são admirados pelos vizinhos do sul.

Alguns poderiam dizer que os jogadores brasileiros costumam ir mais para a Europa e até mesmo para a Ásia, com as ofertas dos times argentinos ficando aquém das de Portugal, Itália, Espanha, Alemanha e Japão. Mas o mesmo se aplica aos jogadores argentinos, e isso não impediu craques como Perfumo, Fillol e Tevez de atuarem no Brasil.

Provavelmente, as ofertas para jogar no Boca e no River nunca foram suficientes para convencer um craque a deixar Flamengo, Vasco, São Paulo, Grêmio ou Corinthians. Eles preferiam e preferem permanecer no Brasil até surgir uma oferta ainda mais milionária na Europa.

Na primeira metade do século XX, o intercâmbio era relativamente maior. O primeiro grande craque a ir para Buenos Aires foi Domingos da Guia, zagueiro da seleção brasileira e pai do craque Ademir da Guia. Ele atuou pelo Boca Juniors nos anos de 1935 e 36, quando ainda tinha apenas 23 anos, e foi campeão argentino.

O brasileiro Heleno de Freitas, então jogador do Boca Juniors, no final dos anos 1940.

QUEM É O BOCA BRASILEIRO?

Depois dele, o próximo grande jogador brasileiro a ir para a Argentina foi Heleno de Freitas, o maior ídolo da história do Botafogo (RJ) até o surgimento de Garrincha anos depois. Heleno, no Brasil, era conhecido por ser boa-pinta, mulherengo, frequentador da alta sociedade e briguento. Carismático, chamou a atenção do Boca Juniors, que o contratou em 1948, por tê-lo visto jogando pela seleção brasileira na Copa Roca.

Em Buenos Aires, Heleno virou notícia também por seu envolvimento com as mulheres e seu estilo de vida. Nos gramados, porém, não teve o mesmo desempenho que apresentava no Botafogo. Não se adaptou ao clima argentino, reclamando constantemente do frio, indo treinar de casaco. Menos de um ano mais tarde, retornou ao Rio de Janeiro para atuar no Vasco da Gama. Passaria ainda pela Colômbia, pelo Santos e pelo América do Rio, antes de abandonar a carreira e ser internado.

A passagem de Heleno por Buenos Aires até incluiu uma lenda sobre um suposto envolvimento com Evita Perón. No entanto, tal mito surgiu no Brasil para turbinar a mística sobre o jogador, e não conta com respaldo algum de historiadores e dos especialistas em fofocas amorosas da época.

Paulinho Valentim, embora menos conhecido do que Heleno no Brasil, teve muito mais destaque no Boca Juniors. Defendeu o clube por cinco anos, entre 1960 e 65, sendo o maior artilheiro da história do superclássico contra o River Plate, atigindo a marca de dez gols em sete jogos. Também fez 71 gols pelo clube do Boca. Os torcedores, na Bombonera, celebravam seus gols com o grito *"Tim, tim, tim, gol de Valentim"*.

Depois de uma rápida passagem pelo México, ainda jogaria no Quilmes, em 1968. Passou o restante da sua vida morando em Buenos Aires e morreu em 1984. Nos anos de 1961 e 62, Valentim fez dupla de ataque no Boca com outro polêmico brasileiro, Almir Pernambuquinho. Nessa época, o time argentino também teve o zagueiro brasileiro Orlando Peçanha. Anos antes, Dino Sani defendeu o clube.

Outros brasileiros passaram pelo Boca posteriormente. O cearence Iarley foi dos poucos que marcou os torcedores. Primeiro por ter levado o Paysandu, do Pará, a uma vitória na Bombonera. Posteriormente, foi contratado pelo Boca, onde integrou o time campeão mundial interclubes em 2003 e o campeão argentino no ano seguinte. O quixeramobinense fez tanto sucesso na época que os torcedores do Boca tinham um cântico especial para ele quando entrava no campo: *"Ya lo ve, ya lo ve, es el hermano de Pelé"* (já dá para ver, já dá para ver, é o irmão de Pelé).

Ao longo de sua história, o time do Boca Juniors recebeu diversos *brasileños*. No total, foram 22 jogadores, provenientes do outro lado da fronteira. O primeiro, em 1933, foi Matyas Silveira. Mas os mais famosos foram Domingos da Guia, Amalfi Yesso, Heleno de Freitas e Paulo Valentim. Gaúcho e Charles, com menor destaque, vieram depois. Os que chegaram até fins dos anos 1960 tiveram amplo sucesso. Mas, aqueles que desembarcaram nas décadas seguintes não vingaram no Boca, com raríssimas exceções.

OS *HERMANOS* E NÓS

COMO OS ARGENTINOS VEEM O FUTEBOL BRASILEIRO (E VICE-VERSA)

Os argentinos admiram a seleção e os jogadores brasileiros. Não uma admiração de vestir a camisa amarela e dar o nome dos filhos em homenagem aos craques do país vizinho. É uma admiração de um boxeador ou de um enxadrista diante de um adversário do mesmo nível e algumas vezes até superior.

Já os times brasileiros não são tão compreendidos na Argentina.

São muitos estados e muitos times diferentes para os argentinos conseguirem entender o futebol brasileiro. Portanto, a melhor forma de entender como os argentinos enxergam o Brasil no futebol é falar da visão que eles têm da seleção brasileira.

Até os anos 1950 – Complexo de superioridade

Para os argentinos, uma partida contra o Brasil é o grande clássico do futebol mundial. Derrotar o Brasil significa estar no topo, em primeiro lugar entre todos os países do planeta. Como disse certa vez o jogador Sócrates, "ganhar da seleção brasileira é mais importante para os argentinos do que para um brasileiro é ganhar da Argentina".

Uma derrota para o Brasil, por outro lado, não significa que a seleção argentina seja ruim. É um resultado possível, embora não desejado pelos argentinos. Seria como um clássico Boca-River. Tudo pode acontecer. São 100 anos de história, de partidas inesquecíveis, incluindo nas Copas.

Até o fim dos anos 1950, os argentinos se consideravam os melhores do mundo no futebol e colocavam os brasileiros um grau abaixo. A ausência de títulos em Copas do Mundo se devia muito mais ao boicote de 1950 e à não realização de um Mundial nos anos 1940 do que a uma deficiência dos argentinos. Na Copa América, eles estavam à frente dos brasileiros, que não conseguiam títulos fora de casa.

Anos 1960 e 1970 – Brasil é visto como superior

A conquista da Copa do Mundo de 1958 e o bi em 1962 mudaram o cenário. Os argentinos viram os seus rivais, considerados inferiores, se tornarem a maior equipe do mundo. Mais grave, possuíam gênios como Pelé, Didi e Garrincha. Era difícil argumentar, a partir da década de 1960, contra a superioridade brasileira.

Fala-se muito de "complexo de vira-lata" no Brasil até 1958. Na Argentina, foi o inverso. Eles não possuíam complexo, e este passou

OS *HERMANOS* E NÓS

a existir especialmente depois dos títulos brasileiros nas Copas da Suécia e do Chile. Eles nunca tinham ganhado um Mundial, enquanto uruguaios e brasileiros já eram bicampeões.

O ápice do complexo argentino foi na Copa de 1970, quando nem sequer se classificaram para o Mundial no México e precisaram assistir de longe o Brasil se tornar tricampeão. Naquele momento, os argentinos não apenas invejavam a seleção brasileira, como admiravam o talento de Pelé, Rivellino, Gerson, Tostão, Jairzinho e Carlos Alberto Torres. Eles eram reis no mundo todo, enquanto, com a aposentadoria de Di Stéfano, os craques argentinos eram pouco conhecidos além das fronteiras do rio da Prata e dos Andes.

Quatro anos mais tarde, a derrota para os brasileiros na Copa de 1974 não chegou a aprofundar tanto o complexo. Em primeiro lugar porque o jogo foi ruim, sendo pouco recordado nos dias de hoje. Em segundo, porque Brasil e Argentina eram coadjuvantes em um Mundial dominado por alemães e holandeses. Foi preciso esperar mais quatro anos para os argentinos tentarem se aproximar dos brasileiros.

Mas a conquista em 1978, na própria Argentina, não foi suficiente para os argentinos se colocarem no mesmo patamar dos brasileiros. Eles não conseguiram derrotar o Brasil, mesmo jogando em casa, terminando o confronto em empate sem gols, e a classificação para a final ocorreu em um polêmico jogo contra o Peru. Em 1982, a vitória de 3 a 1 da seleção brasileira serviu para mais uma vez deixar os vizinhos com sentimento de inferioridade. Dessa vez, uma nova geração de brasileiros, que contava com Zico, Falcão, Júnior, Sócrates e Cerezo era sensação de Tóquio a Istambul, de Paris a Moscou.

Maradona recoloca os argentinos acima do Brasil

Os argentinos começaram a se equiparar mesmo aos brasileiros nas duas Copas seguintes à da Espanha, quase 30 anos após o início do complexo de inferioridade. Primeiro, com o título de 1986, com Maradona passando a ser comparado a Pelé. Depois, ao eliminarem os brasileiros na Copa de 1990. Finalmente, os argentinos podiam dizer que tinham o melhor do mundo, dois Mundiais e ainda uma partida eliminando os brasileiros no campo.

Nos anos seguintes, porém, a situação voltou a pender a favor do Brasil. Os brasileiros venceram as Copas de 1994 e 2002, tornando-se pentacampeões, e ainda foram vice em 1998. A Argentina fracassou em todas as três e ainda passou pelo vexame de ser eliminada na primeira fase em 2002, enquanto internamente o país passava por um colapso econômico.

A emergência de Messi, tornando-se um jogador equiparado a Maradona e Pelé, recolocou a Argentina no mesmo nível do Brasil. Os dois ouros olímpicos também contribuíram para elevar a autoestima argentina, que se recolocou novamente no patamar brasileiro.

Independentemente da época, porém, o respeito ao Brasil sempre prevaleceu. Na imprensa, normalmente, os argentinos se referem ao Brasil como "pentacampeões", em um claro sinal de respeito. Nunca um argentino irá classificar a seleção brasileira como fraca. Todos a citam como uma das favoritas para qualquer Copa do Mundo e o time a ser batido.

Assim como ocorre nas rivalidades entre clubes na Argentina e mesmo no Brasil, também há gozação. Quando o Brasil venceu a Copa de 2002, por exemplo, a capa do jornal *Olé* do dia seguinte dizia, em tom de brincadeira, quanto faltava para começar o campeonato argentino, fingindo dar pouca importância ao título brasileiro. A vitória sobre o Brasil na Olimpíada de 2008 também foi celebrada com gozação.

Brasil não é o único rival dos argentinos. Pode ser o maior clássico, mas a Argentina também vê a Inglaterra, o Uruguai e o Chile como inimigos, tanto quanto ou ainda maiores do que os brasileiros. Os uruguaios porque são historicamente um adversário difícil de ser batido e estão logo ali ao lado, no lado oriental do rio da Prata.

OS *HERMANOS* E NÓS

A Inglaterra, por dois motivos: primeiro, a disputa pelas Malvinas; segundo, porque os ingleses quase sempre batem de frente com os argentinos em jogos históricos na Copa. O Chile, por sua vez, é bem inferior e seria um rival mais por questões extracampo. Nenhuma dessas seleções, porém, fascina os argentinos como a brasileira. Converse com um argentino, e ele começará a descrever grandes jogos do Brasil no passado e os jogadores que admira. Aliás, esse é um ponto curioso. Os argentinos têm certa antipatia por Pelé, e raros o colocarão acima de Di Stéfano, Maradona e Messi. Mas são fãs de outros jogadores brasileiros, como Rivellino, Tostão, Sócrates, Careca, Romário, Rivaldo, Ronaldo e Ronaldinho Gaúcho.

Para os argentinos, os jogadores brasileiros são os únicos que se equiparam aos argentinos. Apenas o Brasil teria a capacidade de produzir tantos craques como a Argentina. Em todas as Copas, surge algum novo gênio. Também apreciam o toque de bola brasileiro e, acima de tudo, costumam comparar o talento do Brasil a um "estilo samba".

Jogadores como Ronaldinho, Neymar, Robinho e Pelé seriam a imagem do brasileiro, da ginga, do samba na hora de jogar. Já Rivellino, por exemplo, seria mais próximo de um craque argentino, com chutes fortes de fora da área, lançamento e armação de jogo, sendo mais clássico.

Os times do Brasil, por sua vez, são algo mais confuso para os argentinos, que não conseguem fazer comparações com as equipes locais. Afinal, por que o Cruzeiro não é rival do Santos e o Flamengo, do Corinthians? São muitos clubes brasileiros, com 12 grandes, sem falar em outros, como o São Caetano, que surgem de uma hora para a outra.

O Santos de Pelé marcou época. Para uma geração mais antiga de argentinos, é inesquecível. Depois, até o início dos anos 1980, os times brasileiros eram fregueses de Libertadores. O Flamengo de Zico teve destaque. Palmeiras, Grêmio e Cruzeiro, por serem frequentadores assíduos de jogos na América do Sul, também são bem conhecidos.

O São Paulo, nos anos 1990, ao ser bi do Mundial passou a ser visto como o maior do Brasil. O Corinthians era bem desconhecido até levar Tevez e Mascherano para jogarem no clube em 2005. A popularidade corintiana cresceu ainda mais com o título da Libertadores, e hoje o clube muitas vezes chega a ser comparado ao Boca entre os argentinos.

Os argentinos também se acostumaram aos estádios brasileiros nomeados com "m", como Maracanã, Morumbi e Mineirão. Mas, mais uma vez, acham complicado. Afinal, o Maracanã não pertence ao Flamengo?

Por último, os argentinos não se sentem alvos de preconceito racial, como os brasileiros, e, por sua vez, rejeitam as acusações de racismo.

Fachada do restaurante temático *Locos por el fútbol* no bairro da Recoleta, em Buenos Aires. Sempre lota nas partidas decisivas da seleção e nos clássicos argentinos.

PEQUENA HISTÓRIA DO FUTEBOL ARGENTINO

HISTÓRIAS DO FUTEBOL ARGENTINO

Made in England, o *fútbol* (ou, popularmente, *el fulbo*) é a principal paixão esportiva dos argentinos. Os documentos históricos existentes indicam que o primeiro jogo desse esporte foi disputado no país no dia 20 de junho de 1867, época em que a Argentina ainda convivia com guerras civis, a Patagônia estava sob o domínio indígena e a Guerra do Paraguai seria prolongada por mais três anos.

Paradoxalmente, o futebol argentino nasceu graças ao aristocrático e complexo críquete, já que os participantes desse *match* inaugural eram sócios do Buenos Aires Cricket Club, no bairro de Palermo.

Suor abundou na estreia, disputada principalmente por anglo-argentinos: em vez de 11 jogadores para cada time, os organizadores somente puderam reunir oito homens para cada lado. "Terminamos o jogo duas horas depois, exaustos", afirmou Walter Heald – jogador e um dos organizadores do evento – em seu diário íntimo.

Embora o surgimento do futebol na Argentina – assim como suas primeiras cinco décadas de desenvolvimento – seja devido aos britânicos, o futebol local foi rapidamente impregnado de imigrantes (e dos filhos destes) italianos e espanhóis.

Ao ver a lista de integrantes da seleção argentina de futebol ao longo do último século tem-se a sensação de estar lendo a escalação da *Squadra Azzurra*. Dos dez maiores goleadores da história argentina, sete possuem sobrenome italiano: Batistuta, Maradona, Passarella, Masantonio, Sanfilippo, Messi e Pontoni.

Nos anos 1920, segundo nos contou em entrevista o pesquisador argentino Eduardo Archetti, professor da norueguesa Universidade de Oslo, a emblemática revista argentina do setor *El Gráfico* – uma espécie de "bíblia" futebolística – desenvolveu a teoria de que o futebol no país havia passado por duas fundações: a primeira, inglesa; a segunda, argentina.

Archetti, que faleceu em 2005, sintetiza o que *El Gráfico* e diversos colunistas esportivos argentinos definem o estilo de jogo nativo como "Inquieto, individualista, pouco disciplinado, baseado no esforço pessoal, na agilidade e na habilidade".

Outra interpretação das últimas décadas indica que os jogadores argentinos são como músicos, que jogam o futebol como os virtuoses que tocam o violino e o piano. Dessa forma, um time argentino seria como uma orquestra formada por grandes individualidades.

A presença britânica, no entanto, voltaria um ano após o fim da Segunda Guerra Mundial, em 1946. Na ocasião, a Associação de Futebol da Argentina (AFA) decidiu importar uma dúzia de árbitros ingleses. O motivo: a corrupção alastrada nos similares locais, que havia causado, naquele ano, o quase enforcamento do árbitro Osvaldo Cossio por parte da torcida do Newell's. O juiz havia anulado um gol do time, ao passo que havia validado a marca do rival San Lorenzo. Os torcedores do Newell's Old Boys invadiram o campo e perseguiram o juiz, que teve que fugir do estádio. Ele foi pego do lado de fora, em uma praça, e foi salvo pela polícia no último minuto, quando os torcedores estavam começando a içar o polêmico árbitro em uma forca feita com cintos.

Os britânicos – que implementaram uma rigorosa arbitragem – permaneceram quase uma década no país. Quando retornaram à Europa, a arbitragem voltou aos juízes argentinos. Segundo o jornalista Alejandro Fabbri, autor de *Historias negras del fútbol argentino* (Histórias negras do futebol argentino), na ocasião "voltaram os juízes nativos, tão acostumados aos favores políticos e dos cartolas".

Copas

Apesar do peso do futebol do país, a seleção argentina venceu apenas duas Copas do Mundo (Argentina, em 1978 e México, em 1986) e foi vice-campeã em outras duas (Uruguai, em 1930 e Itália, em 1990). Nos Jogos Olímpicos, o país obteve duas medalhas de ouro (2004 e 2008), além de duas de prata (1928 e 1996).

Segundo a Fifa, ao longo de um século, até setembro de 2011, a seleção da Argentina havia se confrontado com a brasileira em 92 ocasiões, em todos os âmbitos futebolísticos.

No entanto, essa contagem é ultrapassada – e com ampla margem – pelos confrontos futebolísticos da Argentina com o Uruguai, que até 2011 chegavam a 178 embates. Esse é o acumulado desde

1901, ano em que os dois países confrontaram-se oficialmente (foi o primeiro jogo internacional oficial fora da Grã-Bretanha).

Por incrível que pareça, praticamente não ocorreram jogos da Argentina contra o Brasil dentro de Copas do Mundo: o primeiro jogo ocorreu na copa de 1974, na Alemanha. Depois, houve encontros somente nas Copas de 1978, 1982 e 1990.

A Argentina não participou da Copa de 1950, realizada no Brasil. Tal ausência não encontra uma explicação de consenso entre os historiadores. Mas, entre as especulações, está o fato de que naquele ano a maioria dos bons jogadores argentinos havia partido para terras colombianas, onde eram muito bem pagos (e a Colômbia, na época, não fazia parte da Fifa; portanto, não tinha obrigação de pagar uma porcentagem do passe ao time de origem).

Além disso, os jogadores fugiam da perseguição política do governo de Juan Domingo Perón (alguns deles eram militantes de esquerda, comunistas, no alvo do presidente argentino).

Outra especulação sustenta que Perón não queria arriscar-se a uma copa para a qual não poderia levar os melhores jogadores. Além disso, os líderes da AFA também teriam dito ao caudilho que não poderiam assegurar uma vitória na Copa realizada no Brasil.

Na Copa de 1954, a Argentina tampouco foi, porque Perón estava zangado com a Fifa, que não havia designado a Argentina como sede.

O presidente brasileiro Getúlio Vargas, logo após a Copa, designou Batista Luzardo como novo embaixador em Buenos Aires. Sua missão: solucionar, diplomaticamente, o distanciamento esportivo entre os dois países.

Perón, em seu primeiro governo, não viu o país participar de Copas. Mas, no segundo (1973-74), passou mal ao ver o péssimo desempenho do time na Copa da Alemanha Ocidental. O septuagenário caudilho, que já estava com graves problemas de saúde, pegou uma fortíssima gripe e morreu poucos dias depois.

Paixão relativizada

Essa paixão esportiva, no entanto, precisa ser relativizada. Embora ainda seja a principal obsessão, o futebol perdeu espaço na Argentina. Por um lado, outros esportes – como o tênis e o basquete, além do rúgbi e do hóquei – aumentaram sua presença na preferência nacional. Por outro, a falta de interesse pelo futebol cresceu de forma paralela à carência de resultados substanciais nas Copas do Mundo.

Dessa forma, as transmissões dos jogos das Eliminatórias em 2009 tiveram, como pico, apenas 32% de audiência. Durante a Copa de 2010, o interesse dos argentinos cresceu. No entanto, a audiência dos jogos na cidade de Buenos Aires foi em média de 65%. Isso indica que três entre cada dez espectadores argentinos concentraram-se em outros assuntos não relativos à Copa.

A mesma proporção foi verificada no trânsito portenho, que nos momentos dos jogos da Argentina caía para um volume de 30% do tráfego de veículos costumeiro na cidade de Buenos Aires, segundo dados da Polícia Federal.

De quebra, as celebrações pelas vitórias argentinas, ao contrário das centenas de milhares de pessoas que se reuniam no centro portenho nos anos 1970 e 80, não passaram de um punhado de torcedores desde a virada do século, chegando, no máximo, a 10 mil pessoas, segundo a Polícia.

A perda da mística futebolística também ficou evidente na publicidade. Durante a Copa da África do Sul, o chocolate Cadbury lançou na Argentina uma irônica campanha publicitária focada nas mulheres argentinas cujos maridos, namorados ou amantes estariam obsessivamente ocupados com os assuntos futebolísticos que transcorriam na África do Sul. A empresa criou especialmente para esse nicho de mercado uma comunidade na rede social Facebook, a "Não nos interessamos pelo futebol", na qual as mulheres "vítimas da Copa" podiam encontrar homens disponíveis. Isto é, homens que consideram as mulheres mais interessantes do que o futebol.

A comunidade para as mulheres atingidas pelos efeitos colaterais da Copa conseguiu dezenas de milhares de seguidores em poucos dias. Segundo disseram a estes autores Maximiliano Itzkoff e Mariano Serkin, diretores-gerais criativos da agência de publicidade Del Campo/Nazca Saatchi & Saatchi:

> As mulheres argentinas assistem aos jogos da Argentina. E, depois disso, a Copa acaba para elas. Mas os homens, além dos jogos da seleção argentina, continuam vendo todos os jogos. Estudam as seleções rivais, fazem apostas, falam sobre o assunto em cada momento livre no escritório.

Com ironia, os dois publicitários destacaram que "os homens vivem para as Copas do Mundo. E tentam ocupar o resto de suas vidas com alguma coisa para passar o tempo, até que chegue a próxima Copa do Mundo".

Uma pesquisa elaborada pela consultoria Datos Claros indicou que, em tempos de Copa do Mundo, 17% das mulheres decidem ignorar totalmente os eventos futebolísticos e aproveitam esse período de ocupação de seus homens para realizar outras atividades. As jovens de 18 a 25 anos constituem o setor feminino menos interessado nos jogos. Nesse grupo, o desinteresse pela Copa sobe para 23%.

ARGENTINOS... MAS DE SOBRENOME ITALIANO

Bossio, Botasso, Piaggio, Muttis, Chividini, Monti, Orlandini, Perinetti, Scopelli, Varallo, Stábile, Paternoster, Spadaro, Cherro, Peucelle, Della Torre e De María. Esses são os nomes de 17 dos 22 jogadores escalados de uma seleção que disputou a Copa de 1930

A presença italiana entre os argentinos não é novidade. O herói da unificação italiana Giuseppe Garibaldi ganhou até uma estátua em Palermo (Buenos Aires) por seus feitos na Argentina. No futebol, não é diferente: descendentes de italianos brilharam na seleção e muitos argentinos foram jogar na terra dos avôs e bisavôs.

no Uruguai. "Ah, claro, a seleção italiana!", exclamou um amigo ao ouvir nossa lista de nomes. "Não", tivemos que responder. "Esses são os jogadores da seleção argentina..."

A presença italiana na sociedade argentina, em todas as classes sociais, também ficou evidente ao longo dos últimos 100 anos no futebol, um esporte de origem britânica. Isso é a globalização dando sinais claros desde o início do século XX na Argentina.

Proporcionalmente, embora não em números absolutos, a Argentina é o país mais italianizado das Américas, já que 52% dos argentinos – isto é, 21,36 milhões – são descendentes completa ou parcialmente de imigrantes provenientes da península mediterrânea. O próprio nome de Buenos Aires vem do nome *Madonna de Bonaria*, da cidade de Cagliari, na italiana ilha da Sardenha.

Dezenas de empresas italianas estão instaladas no país, e inclusive a maior multinacional argentina na realidade é ítalo-argentina, a Techint, líder mundial em tubos de aço sem costura.

E como já dissemos, dos dez maiores goleadores do futebol, sete têm sobrenome italiano.

Na seleção da Copa de 2010, dos 22 homens, 13 tinham sobrenome proveniente da Itália. E o técnico também tinha sobrenome proveniente da península: Maradona.

Dos 53 jogadores argentinos que fizeram gols em Copas do Mundo das quais o país participou, 31 são descendentes de italianos. Assim como 18 dos 30 técnicos que a seleção argentina teve desde o início.

Quatro argentinos e um brasileiro campeões

Os argentinos descendentes de italianos fizeram grande sucesso no futebol na Argentina. E vários ítalo-argentinos também tiveram sua marca na Itália, terra de seus antepassados. Esse foi o caso da Copa de 1934, na Itália governada pelo *duce* Benito Mussolini, o líder fascista que ambicionava vencer o campeonato esportivo que seu país albergava. Mussolini queria fazer publicidade do poder italiano com uma vitória esportiva de peso. Por esse motivo, em 1930, começou a seduzir jogadores argentinos que haviam sido contratados por times da Itália para que se nacionalizassem italianos.

Dessa forma, entraram na seleção italiana de 1934 os argentinos Raimundo Orsi, Enrique Guaita, Atílio Demaría e Luis Monti, que foram naturalizados italianos por Mussolini, para vê-los na *Squadra Azzurra*.

Na final, a Itália deparava-se com a Tchecoslováquia. O jogo estava empatado quando, faltando 15 minutos para o fim do segundo tempo, o tchecoslovaco Antonín Puč fez um gol. Tudo parecia perdido. Mas o argentino Orsi fez um gol faltando 5 minutos para o apito final. No tempo extra, o italiano (italiano mesmo) Angelo Schiavo fez o gol que permitiu que a Itália ficasse com a Copa.

Monti, anos depois, ironizou sobre a situação de tensão que havia vivido durante suas duas Copas:

> Em 1930, no Uruguai, os uruguaios queriam me matar se eu ganhasse. E, na Itália, quatro anos depois, queriam me matar, se perdesse. Nos anunciaram que, por decisão do *duce*, poderíamos pedir o que quiséssemos se ganhássemos aquela final: dinheiro, mulheres, casas, carros. Mas, se a gente perdesse, nossas vidas estariam em perigo.

Nessa Copa também participou como membro da seleção italiana o brasileiro Amphilóquio Guarisi Marques, apelidado Filó, ex-integrante dos times paulistas Portuguesa, Paulistano e Corinthians. Em 1931, foi contratado para jogar no Lazio da Itália. Pouco depois foi convidado pelas autoridades fascistas a nacionalizar-se italiano (sua mãe era uma italiana que havia migrado ao Brasil). Mas, para dar um *touch* mais italiano, Amphilóquio teve que mudar seu nome para Anfilogino Guarisi.

Com a vitória da seleção italiana em 1934, Filó tornou-se o primeiro brasileiro a ser campeão do mundo. Coincidentemente, também foi a primeira vez que um grupo de argentinos tornava-se campeão mundial, os colegas Monti, Demaría, Guaita e Orsi. Isto é, uma espécie de vitória conjunta brasileiro-argentina em terras distantes, décadas antes que suas seleções originais conseguissem suas próprias vitórias.

Catania

A presença argentina na Itália ficou novamente comum a partir dos anos 1980, quando os times começaram a contratar em grande volume sul-americanos, entre eles, argentinos como Maradona, para o Napoli.

OS *HERMANOS* E NÓS

Mas, a maior proporção de argentinos em um time italiano ocorreu na temporada 2010-2011, quando o Calcio Catania contava com 13 jogadores. E isso sem contar o técnico, o argentino Diego Pablo Simeone. Evidentemente, também descendente de italianos.

O FUNCIONAMENTO DOS CAMPEONATOS ARGENTINOS

Estamos acostumados no Brasil a dizer que o Palmeiras, por exemplo, foi bicampeão brasileiro de 1993-94. No ano seguinte, foi a vez do Botafogo, em final contra o Santos. Mas, na Argentina, existem dois campeões em uma mesma temporada. Verdade, no Brasil, também. Aliás, até três. O vencedor do Brasileirão, o da Copa do Brasil e os dos Estaduais. Em 2012, o Fluminense foi o campeão brasileiro; o Palmeiras, do Brasil; e o Santos, do Paulista, por exemplo. Na Argentina, não existem torneios estaduais – ou provinciais. Isto é, não existe um campeão da província de Buenos Aires, onde o Estudiantes e o Gimnasia seriam os favoritos. Há poucos anos criaram a Copa da Argentina, nos moldes da Copa do Brasil, com a participação de times de diferentes divisões do país e disputas em mata-mata, exatamente como nas versões da Europa (Copa do Rei da Espanha, por exemplo) e do próprio Brasil. Mas ainda não tem grande relevância interna.

O importante mesmo é Campeonato Argentino. Historicamente, havia dois torneios nacionais – o Campeonato Argentino e o Metropolitano (que, apesar do nome, era nacional). Por um hiato nos anos 1980, passou a ser disputado apenas um torneio, em turno e returno, com o vencedor sendo aquele time com maior número de pontos. Exatamente como no Brasil e na Europa.

Em 1990, decidiram dividir o campeonato em dois. O Apertura e o Clausura. O primeiro ocorria entre agosto e dezembro. O

PEQUENA HISTÓRIA DO FUTEBOL ARGENTINO

segundo, entre fevereiro e junho. A nomenclatura obedece ao início e final das temporadas europeias. Participavam 20 times, em turno único, em cada um dos torneios. O vencedor era aquele com maior número de pontos. No primeiro ano, ainda houve uma final entre os dois campeões. Depois foi suspensa.

A partir de 1991, os argentinos passaram a ter dois campeões por ano. O do Apertura e o do Clausura. A sensação, no relógio biológico, era de o ano ter 6 meses, e não 12. No exterior, sempre foi complicado entender os motivos para haver dois campeões. A resposta é simples. Imagine, por exemplo, que o Boca vá mal no Apertura. Termine em oitavo, bem distante de um fictício líder River, ao fim de 19 jogos. Na prática, a temporada teria sido perdida. Não haveria como se recuperar no restante do campeonato. Com o Clausura, no entanto, um novo campeonato começava do zero e o Boca poderia ser campeão. Um semestre ruim não significava um ano perdido. Além disso, esse sistema evitava que um dos times disparasse em primeiro, sendo campeão com rodadas de antecipação, tornando o restante do torneio sem muita emoção.

Na temporada 2012-2013, houve uma mudança. Primeiro, na nomenclatura. O Apertura passou a se chamar Inicial. O Clausura mudou para Final. Cada um dos campeonatos ainda tem um campeão. No fim da temporada, porém, é realizada uma final única entre os dois campeões com o nome de Supercopa Argentina. Mas, apesar desse novo jogo, os vencedores do Inicial e do Final são chamados de campeões da Argentina. Ou seja, vencer a Supercopa Argentina não elimina o título de campeão argentino do Inicial e do Final.

As diferenças não estão apenas na disputa pelo título. Na maior parte dos países do mundo, os últimos colocados são rebaixados para a segunda divisão. Esse foi o destino de Palmeiras, Corinthians, Botafogo, Vasco, Atlético Mineiro, Grêmio e Fluminense em diferentes anos. Uma temporada ruim, e o time não escapa da queda. Na Argentina, não. Caem para a Nacional B os três times com a pior média de pontos nas últimas três temporadas. Essa média é conseguida através de uma fórmula na qual se divide o número de pontos conquistados pelo número de pontos disputados no período. Isto é, para quem esteve na primeira divisão nos últimos três anos, vale ao todo seis campeonatos – três Iniciais (Apertura) e três Finais (Clausura). Mas, para quem subiu recentemente, vale apenas, por exemplo, o último ano.

Esse sistema foi introduzido para evitar que times grandes, como o San Lorenzo nos anos 1980, fossem rebaixados depois de uma temporada ruim. O clube teria como, nos anos seguintes, em teoria, se recuperar. No fim, não adiantou muito, porque Racing, River Plate, Rosario Central e, mais recentemente, o Independiente acabaram na série B justamente pela regra da média. Para subir, porém, a Argentina segue o modelo tradicional. Os três primeiros colocados na série B são promovidos para a primeira divisão.

O Campeonato da Argentina também vale para indicar os participantes da Libertadores. São classificados os vencedores dos torneios Inicial e Final do ano (e não da temporada anterior), mais os dois times não campeões que tenham obtido o maior número de pontos somando os dois torneios. Uma quinta vaga vai para o clube argentino mais bem colocado na Copa Sul-americana, tal como ocorreu em 2013 com o Lanús.

TÍTULOS CONQUISTADOS

A Argentina tem menos Copas do Mundo do que o Brasil. Isso todo mundo sabe. Até 2014, são duas, contra cinco dos brasileiros. Mas, mesmo assim, existem argumentos fortes para os torcedores em Buenos Aires, Córdoba e Rosário afirmarem que sua seleção é uma das mais vitoriosas do mundo, não ficando atrás sequer da brasileira.

Afinal, embora tenha três Copas do Mundo a menos do que o Brasil, a Argentina conquistou duas medalhas de ouro nas Olimpíadas; o Brasil, nenhuma. Foi campeã 14 vezes da Copa América; o Brasil, 8. E poderiam ter outros títulos não fosse a ausência da seleção nas Copas de 1938, 50 e 54 e o cancelamentos dos Mundiais da década de 1940, quando, segundo muitos analistas, os argentinos eram os melhores do mundo.

Estes argumentos, porém, não escondem uma grande verdade – a Argentina demorou para chegar ao seu primeiro título mundial. Embora, desde o início do século XX, os argentinos fossem vistos como um dos gigantes do futebol, as conquistas em Copas não aconteciam. Em 1930, no primeiro Mundial, obtiveram o vice-campeonato diante do Uruguai no estádio Centenário, em Montevidéu. Os moradores do lado oriental do rio da Prata, já conhecidos como a Celeste Olímpica, davam um passo à frente na disputa com os vizinhos do lado ocidental, que possuía uma população cerca de dez vezes maior. Mas, se comparado à Copa seguinte, em 1934, o resultado nos campos uruguaios foi até positivo. Afinal, na Copa da Itália, terminaram na nona colocação.

Depois desse fiasco, os argentinos demoraram 24 anos para voltar a jogar em uma Copa do Mundo. E não foi por eliminação, mas por decisão dos próprios argentinos, em uma ironia do futebol. Primeiro, em 1938, os argentinos decidiram boicotar o evento na França, pois afirmavam ter o direito de ser o país sede. Depois da década sem Copa, nos anos 1940, devido à Segunda Guerra, os argentinos voltariam a abdicar por vontade própria, motivados por discordâncias com a Fifa e os países sedes, de disputar as Copas de 1950, no Brasil, e 1954, na Suíça.

Muitos historiadores do futebol avaliam que a Argentina poderia ter ganhado pelo menos uma Copa, caso tivesse disputado os torneios de 1938, 50 e 54. Provavelmente, também seria campeã se tivessem ocorrido edições em 1942 e 46, período em que conquistou quatro Copas América, derrotando Brasil e Uruguai, os dois finalistas de 1950, no Maracanã. Claro, é sempre o *se*, mas vale como argumento.

Essa ausência de 24 anos em Copas do Mundo fez com que duas gerações de grandes craques argentinos não tivessem a oportunidade de disputar o maior torneio mundial. Gênios como René Pontoni e Rinaldo Martino, integrantes da seleção tricampeã da América em 1945, 46 e 47, não tiveram o reconhecimento internacional das gerações posteriores. Mais grave, Alfredo Di Stéfano, um dos maiores jogadores da história da Argentina, ao lado de Messi e Maradona, não disputou nenhuma Copa pela seleção de seu país. Em 1950 e 54, pela ausência da seleção. A partir de 1956, ele optou por jogar pela Espanha – e tampouco chegaria a uma Copa do Mundo representando a seleção espanhola.

Quando a Argentina retornou a uma Copa do Mundo, em 1958, a seleção estava desorganizada. Havia ficado aquém dos outros grandes do futebol mundial e ainda teve uma preparação precária para um time vindo do sul querendo ser campeão no extremo norte europeu, depois de semanas de viagem de navio para ir de Buenos Aires até Estocolmo, sem falar nas várias escalas. Foi eliminada na primeira fase. Com apenas uma vitória, terminou por ser trucidada pela Tchecoslováquia em uma goleada de 6 a 1. Para completar, os argentinos ainda viram seus rivais brasileiros conquistarem o seu primeiro campeonato, com gênios como Pelé, Garrincha, Didi e Vavá. A partir daquele momento, apenas a Argentina, dos grandes da América do Sul, não era campeã do mundo. Novos fracassos também ocorreriam nas Copas de 1962 e 66.

Nada, no entanto, chegaria perto do maior fiasco da história do futebol argentino, nas Eliminatórias para a Copa do Mundo de 1970. Pela primeira vez, a Argentina não disputaria o torneio por não conseguir se classificar, e não por boicote, como em 1938, 50 e 54.

76

PEQUENA HISTÓRIA DO FUTEBOL ARGENTINO

Foram eliminados pelo Peru em partida em Buenos Aires. Para o drama argentino ser ainda maior, o Brasil conquistou seu terceiro título Mundial. Em 1974, mais uma vez a Argentina não chegou ao seu sonhado título.

O jejum argentino, que parecia ser uma maldição jogada sobre essa nação platina, seria encerrado apenas em 1978, na Copa do Mundo realizada nos campos da Argentina. Eram tempos de guerra suja nos porões da ditadura. Uma Junta Militar comandava um dos regimes mais repressores de todo o mundo, matando e torturando milhares de pessoas. Mas os argentinos, naquele junho de 1978, estavam mais preocupados com a Copa do Mundo. Dessa vez, era uma obrigação serem campeões. Não havia plano B. Era apenas uma alternativa, embora tivessem pela frente a Holanda, com a melhor seleção do mundo, e o Brasil, que, mesmo sem apresentar um de seus maiores times, trazia craques como o jovem Zico e o experiente Rivellino.

O técnico César Luis Menotti, elegante em seu terno que tornaria ícone internacional, causou polêmica ao deixar de fora o ainda adolescente e já genial Diego Maradona, que assombrava o mundo com a camisa do pequeno Argentinos Juniors. Não faltavam, no entanto, estrelas no selecionado argentino. O goleiro Fillol, incluído entre os maiores do mundo, o zagueiro Passarela, o meio-campista Ardiles e o goleador Mario Kempes. Era uma equipe forte, com potencial para disputar o título de igual para igual com brasileiros e holandeses.

A conquista está entre as mais polêmicas da história das Copas. Como dissemos no capítulo "Brasil x Argentina, uma relação de amor e ódio", na época, apenas 16 países, e não 32 como hoje, se classificavam para o Mundial. Destes, oito passavam para a segunda fase. Em vez do sistema de mata-mata, as seleções eram divididas em dois grupos de quatro, com o vencedor de cada chave chegando à final. Na segunda fase, a Argentina ficou no grupo com Brasil, Polônia e Peru. Os brasileiros, em seu primeiro jogo, venceram o Peru. Os

77

argentinos derrotaram os poloneses. Em seguida, houve empate em 0 a 0 entre as seleções brasileira e argentina. Na última rodada, o Brasil enfrentava a Polônia; a Argentina, o Peru. O problema é que os brasileiros entraram em campo para jogar contra os poloneses horas antes da disputa entre argentinos e peruanos.

Por esse motivo, a Argentina foi para a disputa com a vantagem de saber o resultado do jogo do Brasil. No caso, uma vitória, que obrigava a seleção argentina a vencer o Peru por quatro gols de diferença. E o placar foi ainda mais amplo, com seis gols de vantagem, o que, para muitos, foi uma armação. Para complicar, o goleiro peruano havia nascido na Argentina, aumentando ainda mais as especulações. Dizem até que os militares argentinos teriam ido ao vestiário da seleção andina para pressioná-los. Mas não há provas de que tenha ocorrido uma trapaça.

Já a final não teve muita contestação. O Monumental de Núñez estava lotado e fez uma das maiores festas da história de finais de Copa de Mundo. Uma chuva de papel picado, com os gritos de "*vamos, vamos, Argentina, vamos, vamos, a ganar*", contra a Laranja Mecânica. No tempo normal, empate por 1 a 1. Na prorrogação, uma atuação de gala do goleador Mario Kempes e de Bertoni. O troféu foi entregue pelo presidente Rafael Videla. Os argentinos celebraram nas ruas, mas muitos deles estavam nos porões da ditadura.

Por esse motivo, o título de 1986, no México, embora fora de casa, talvez tenha um sabor mais forte para os argentinos. A genialidade de Maradona, seus gols mágicos contra a Inglaterra, eliminando os rivais da Guerra das Malvinas quatro anos depois do conflito, e a vitória contra a poderosa Alemanha no estádio Azteca lotado. A Argentina era bicampeã mundial, finalmente se igualando ao Uruguai e ficando apenas um título atrás do Brasil.

As Copas seguintes, apesar da final em 1990, não foram de muito sucesso para a Argentina. Uma geração de craques como

O ditador Jorge Rafael Videla fez da Copa de 1978 um evento de respaldo à ditadura militar, enquanto presos eram torturados em centros clandestinos. Na foto, ele recebe a seleção campeã na Casa Rosada.

Caniggia, Batistuta e Riquelme não conseguiram ganhar um Mundial. Por outro lado, nos Jogos Olímpicos, a Argentina venceu duas vezes, em 2004 e 2008. Com esses dois ouros, mais os dois Mundiais, somados ao *se* tivessem sido realizadas Copas nos anos 1940 ou os argentinos não houvessem boicotado outras três; talvez a Argentina hoje estivesse no mesmo patamar do Brasil em número de títulos, ou até mesmo à frente.

NÃO VOU!

Em 1936, a Argentina decidiu apresentar sua candidatura para a Copa do Mundo de 1938 (a terceira Copa da história). O acordo implícito entre os integrantes da Fifa indicava que as Copas seriam alternadas entre a Europa e as Américas. No entanto, o congresso internacional realizado em Berlim no ano das apresentações das candidaturas, definiu que a França albergaria a Copa, já que esse país tinha as melhores condições de infraestrutura em matéria de estádios.

A Argentina, irritada, exigiu, a modo de compensação, participar da Copa da França, mas sem jogar as Eliminatórias. A Fifa não aceitou. E a AFA anunciou que não participaria da Copa.

A Argentina tampouco participou das Copas de 1950, no Brasil, e de 1954, na Suíça. Dessa forma, entre uma Copa da qual não participou por indignação e outras por motivos políticos internos, a Argentina esteve voluntariamente fora da competição durante 24 anos, entre a edição de 1934 e a de 1958.

UMA TORCIDA FANÁTICA

AS TORCIDAS

Para que a gente trabalha se não é para ir aos domingos arrebentar os pulmões (gritando) nas arquibancadas por um ideal? Ou por acaso isso não vale nada? O que seria do futebol sem o torcedor? O torcedor é tudo na vida...

Essas frases são parte dos diálogos do filme *El hincha* (O torcedor), de 1951, cujo ator principal era o famoso autor de tangos Enrique Santos Discépolo. O personagem que interpreta – *El Ñato* – é um fanático de seu time, ao qual dedica todos seus momentos livres, além de adiar constantemente o casamento com sua eterna namorada. Segundo o personagem, "em primeiro lugar estão as cores do time.

Torcedores apaixonados: acima, a torcida do Boca Juniors e, abaixo, a do River Plate, primeira e segunda do país, respectivamente.

E depois as frescuras amorosas". Além disso, sustenta que o clube "é como uma mãe", para ilustrar seu vínculo afetivo. Não é à toa que a palavra "*hincha*" na Argentina equivale ao brasileiro "chato". Quem está *hinchando* está enchendo (nos dois sentidos, tanto de amolar quanto de preencher algo). No entanto, o termo surgiu no Uruguai no começo do século XX, quando Prudencio Miguel Reyes – um uruguaio que no dia a dia trabalhava com selas e arreios – era o encarregado de encher (*hinchar*) as bolas de seu time, o Nacional de Montevidéu. Prudencio era famoso pelos gritos frenéticos que dava para encorajar seu time. Por isso, começou a ser chamado *El Hincha* do Nacional, termo que na sequência foi aplicado a todas as pessoas que também gritavam por esse e outros times, a modo de respaldo. Dessa mesma forma surgiu a palavra "*hinchada*" (torcida).

A palavra "*hincha*" espalhou-se primeiro para o país vizinho, a Argentina, e a seguir para vários outros países de língua espanhola da região. O torcedor argentino usa com frequência a primeira pessoa do plural para explicar como anda seu time: "nós estamos indo bem".

Ou, "hoje à tarde jogaremos contra X", como se estivesse escalado para jogar no time, e não apenas olhando pela TV, da arquibancada ou do aconchego do lar. Segundo o escritor uruguaio Eduardo Galeano, cujos textos são constantemente publicados e citados na Argentina, o torcedor é o "jogador número 12", assim como ocorre no Brasil, onde o Corinthians costuma dizer que a sua fiel torcida é o 12º jogador. Galeano também sustenta que "os outros 11 jogadores" sabem que "jogar sem torcida é como dançar sem música".

Tamanhos

Em 2006, durante o governo do presidente Néstor Kirchner (2003-2007), um fanático torcedor do Racing, um dos times de futebol mais antigos do país, encarregou-se de liquidar um dos mais persistentes mitos da história esportiva da Argentina: a ideia de que o Boca Juniors possui a maioria dos torcedores de todo o país. Ou, segundo a clássica afirmação categórica, "o Boca é a metade mais um dos argentinos". Segundo uma pesquisa elaborada pelo Sistema Nacional de Consumos Culturais, subordinado à Secretaria de Meios de Comunicação, o emblemático time do bairro portuário concentra a torcida de 41,5% dos argentinos.

Se bem que o time está menos de 10% abaixo do estipulado pelo mito, não tem por que preocupar-se com a concorrência, já que o segundo colocado – seu eterno rival, o River Plate – está quase 10% abaixo. No total, o River possuiria 31,8% dos torcedores argentinos.

Ambos os times ostentam o fanatismo de 73,3% dos torcedores do país. Dessa forma, sobram poucos argentinos para os times restantes. O terceiro colocado no *ranking* da pesquisa elaborada pelo governo é o Independiente, com 4,8%. O quarto é o San Lorenzo, com 3,3%.

O quinto é o Racing, time do coração de Kirchner, com 3,2%. Embora antigo, o Racing teve várias décadas de decadência, fato que causou uma drenagem drástica de seus torcedores. Nos últimos 45 anos, o time somente conseguiu um único título nacional. Por esse motivo, o bastião do Racing concentra-se nos torcedores com mais de 50 anos de idade.

A pesquisa encomendada pelo governo Kirchner também indica que 6,8% da população não é torcedora de time algum. Além disso, o estudo mostra que o Boca não é, ao contrário do que se pensava, um time com uma torcida principalmente concentrada na classe baixa. Segundo a pesquisa, o time possui uma média de 41% de preferência distribuída nas classes baixa, média e alta. O River Plate, ao contrário do que indica o mito (um time da classe alta), conta com mais simpatizantes pobres do que ricos.

Outras pesquisas elaboradas nos últimos anos, especialmente pela consultoria Equis, indicam que a proporção de torcedores por time manteve-se praticamente a mesma.

Os analistas esportivos destacam que, nos últimos anos, os argentinos deixaram de lado a torcida pelos times de seus bairros e de suas cidades e passaram a torcer por times de maior sucesso e impacto na mídia. Assim, os cordobeses, antigamente fanáticos do Talleres de Córdoba (a segunda maior cidade do país), começaram a torcer pelos times de Buenos Aires, como o River e o Boca. Em sua própria cidade, o time do Talleres está em quarto lugar nas preferências, atrás de Boca, River e Independiente.

Os analistas também sustentam que a torcida por um time específico, antes transmitida de pai para filho, hoje em dia está em decadência.

A pesquisa do governo ainda mostra que o futebol é o esporte *sine qua non* dos argentinos, com 56,3% das preferências. O segundo colocado é o tênis, com 13,2%. Além disso, indica que só 9,2% dos torcedores costumam ver os jogos nos estádios. A imensa maioria, 85,3%, os assiste pela TV.

OS *BARRABRAVAS* – OS *HOOLIGANS* ARGENTINOS

A violência nos estádios argentinos debutou em 1916. Naquele ano, durante um jogo disputado entre as seleções da Argentina e do Uruguai, houve um confronto entre as torcidas de ambos os países, provocado pelo *overbooking* de cadeiras: para um total de 40 mil entradas vendidas, somente existiam 20 mil lugares no estádio do Gimnasia y Esgrima de Buenos Aires. Os torcedores, furiosos, além de desferir um festival de socos binacionais, queimaram as arquibancadas. Na ocasião houve feridos, mas leves.

A violência, que cresceu lentamente, gerou o primeiro assassinato por parte de torcedores argentinos em 1924. Essa morte, no entanto, não ocorreu na Argentina, mas no vizinho Uruguai, quando do último jogo do Campeonato Sul-americano daquele ano. Torcedores de ambos os lados desataram uma batalha campal na frente do hotel onde se hospedava a seleção argentina em Montevidéu. O argentino José Lázaro Rodríguez disparou contra o uruguaio Pedro Demby, que morreu no dia seguinte. Rodríguez conseguiu fugir para a Argentina. Dias depois, foi detido graças à denúncia da imprensa portenha. No entanto, nunca foi deportado para o Uruguai.

Até 1958, a violência nos estádios argentinos provocou a morte de 12 pessoas. Na época, os grupos organizados que protagonizavam atos de violência eram denominados *barra fuerte* (turma forte).

Esse foi o termo utilizado pelo jornal *La Razón*, em 1958, quando, em meio a uma briga entre as torcidas do Vélez Sarsfield e do River Plate, foi assassinado um espectador. Posteriormente, o termo foi modificado para *barrabravas* (turma feroz), que se transformou na designação costumeira para os *hooligans* argentinos.

A partir dali, a violência nos estádios – de forma simultânea à violência política (guerrilhas de esquerda e grupos paramilitares de direita) – tornou-se parte do cotidiano esportivo. No entanto, a Copa do Mundo de 1978, realizada na fase mais dura da última ditadura militar, foi um divisor de águas na Argentina no que diz respeito à violência e ao esquema de poder dos cartolas do futebol local. A truculência do regime – que sequestrou, torturou e assassinou mais de 30 mil civis – teve forte influência sobre a estrutura dos times e das torcidas de futebol. Vários jogadores e técnicos participaram de ações de sequestro de opositores da ditadura.

A partir dali, os *barrabravas* consolidaram seu crescimento e começaram a desfrutar da cumplicidade das autoridades esportivas. A tendência de crescimento continuou apesar da volta da democracia, já que os *barrabravas* e suas estruturas de organização também passaram a ser utilizados amplamente por cabos eleitorais, especialmente nos empobrecidos municípios da Grande Buenos Aires, feudo político do Partido Justicialista (Peronista).

Torcedores irados: os barulhentos *barrabravas* em ação. Acima, gritando e tocando bumbo para atiçar ainda mais os ânimos. Abaixo, atacando um torcedor.

Em 1988, os *barrabravas* do Chacarita Juniors – clube que durante anos foi comandado por um dos principais líderes sindicais do país, Luis Barrionuevo – foram o "braço" civil da rebelião dos militares cara-pintadas comandada pelo coronel Mohamed Ali Seineldín contra o presidente da República, Raúl Alfonsín.

Política e lucros

Os integrantes dos *barrabravas* ocasionalmente trabalham como seguranças de deputados, prefeitos e vereadores. Além disso, possuem a função "informal" de causar distúrbios em comícios de opositores políticos. Eles também recebem dinheiro para exibir bandeiras e faixas com *slogans* ou nomes de políticos.

Segundo Pablo Alabarces, autor de *Crónicas del aguante* (Crônicas do apoio incansável, em uma tradução livre) e especialista em violência e corrupção no futebol, "para os políticos é conveniente recorrer aos '*barras*' para conseguir trabalhos e legitimidade territorial. É parte de sua acumulação de poder. O vínculo está baseado na dádiva e no clientelismo".

Os *barrabravas* ainda arrecadam substanciais fundos nos fins de semana, pois nas principais cidades do país controlam os "flanelinhas" que cuidam dos veículos estacionados nos arredores dos estádios, em dias de jogo e shows.

Os *barrabravas* também controlam uma substancial parte da revenda de entradas dos jogos e da comercialização dos uniformes oficiais. Além disso, são os responsáveis pela entrada dos "penetras" nos estádios, ao redor de 30% dos espectadores em cada jogo, segundo estimativas dos presidentes dos times argentinos em 2013. Nesse mesmo ano, o secretário de comércio interior, Guillermo Moreno, comandou pessoalmente uma *blitz* em casas de câmbio na rua Florida, o emblemático calçadão portenho. Ali, descobriu que os *barrabravas* do Boca Juniors também agiam como doleiros. No entanto, o próprio Moreno, em 2012, havia feito um acordo com os *barrabravas* do River para colocar no estádio Monumental de Núñez uma faixa com os dizeres *"Clarín* mente" (o jornal *Clarín*, desde 2008, foi considerado por parte da presidente Cristina Kirchner como o arqui-inimigo de seu governo).

De forma acumulada, segundo diversos especialistas esportivos, o número de vítimas fatais desde 1924 ultrapassa as 270, além de milhares de feridos. No entanto, a Justiça foi costumeiramente omissa, já que somente pouco mais de três dezenas de pessoas haviam sido condenadas por essas mortes até 2013.

Tal como em outras partes do mundo, os *barrabravas* argentinos utilizam bandeiras para identificar-se, exaltam o uso da força e pronunciam bravatas nacionalistas como necessidade de reafirmação. Os *hooligans* argentinos também utilizam bumbos para marcar o compasso de seus cânticos de torcida ou de repúdio aos times rivais.

Os *barrabravas* contam com prestígio em diversos setores sociais. Embora careçam de *glamour*, os principais líderes são assediados por fãs, que pedem seus autógrafos.

Segundo o antropólogo José Garriga Zucal, autor do livro *Haciendo amigos a las piñas* (Fazendo amigos com socos), as brigas dentro de cada torcida de *barrabravas* (e entre as torcidas de *barrabravas* de times inimigos) eram resolvidas a socos. Mas, desde os anos 1980, tornaram-se comuns as armas de fogo.

Garriga Zucal afirma que os *barrabravas* estão espalhados em todas as classes sociais. "Relacionar a violência no futebol com a pobreza seria um erro garrafal", sustenta.

As forças de segurança argentinas consideram que os grupos mais perigosos são os *barrabravas* do River Plate, do Boca Juniors, do Rosario Central e do Newell's Old Boys.

A ONG Parentes das Vítimas da Violência no Futebol Argentino (Favifa) apresenta com frequência na Justiça denúncias sobre os *barrabravas*, vinculando-os em algumas ocasiões a Julio Grondona, presidente da Associação de Futebol da Argentina (AFA).

A conexão direta dos *barrabravas* com o poder ficou evidente em 2010, durante a Copa da África do Sul, quando um grupo de 22 *hooligans* argentinos viajou junto com a seleção no mesmo avião do técnico Diego Armando Maradona.

O grupo, que se autodenominava "a torcida oficial" da seleção, era comandado por Marcelo Aravena, que integrou a *barrabrava* do Boca Juniors nos tempos de José *El Abuelo* (O Avô) Barrita. Aravena – que não viajou à África do Sul, mas enviou seus principais homens em seu lugar – estava na época em liberdade condicional, já que entre 1994 e 2007 cumpriu uma parte da pena de 20 anos de prisão pelo assassinato de dois torcedores do River Plate. Após sair da prisão, fez uma misturada de diversas torcidas de times pequenos e criou uma "torcida oficial".

Embora diversos partidos políticos tenham tido conexões com os *barrabravas* nas últimas décadas, o kirchnerismo foi marcado por uma relação mais próxima que a costumeira. Em 2010, pouco antes da Copa da África do Sul, Marcelo Mallo (líder de uma pequena organização kirchnerista, a Compromisso K) criou a Hinchadas Unidas Argentinas (HUA). Na época, Mallo definiu essa entidade como uma "ONG" para dar um marco institucional aos *barras*. E fez isso com o apadrinhamento de Rudy Ulloa Igor, ex-motorista de Néstor Kirchner que enriqueceu em atividades empresariais graças – segundo diversos analistas políticos – ao contato que tinha com o ex-presidente (alguns afirmam que Kirchner gostava dele como um filho).

Mas, segundo o ex-presidente do time Vélez Sarsfield, Raúl Gámez – um ex-integrante de *barrabravas* na juventude, posteriormente arrependido de seu passado –, o governo Kirchner utiliza "a mão de obra barata dos *barrabravas*" para manifestações políticas.

A própria presidente Cristina Kirchner minimizou a atitude violenta dos *barrabravas* nos estádios durante um discurso em julho de 2012, elogiando esses grupos por demonstrar, com sua paixão, que "estão vivos": "Esses caras em pé nas grades, com as bandeiras, bradando... são uma maravilha! Eles nunca olham o jogo, porque estão conclamando e estimulando a torcida. A verdade é que declaro meu respeito a todos eles". Depois, arrematou: "Gosto muito das pessoas passionais".

OS CLUBES

BOCA, O "METADE MAIS UM" DA ARGENTINA

O Boca Juniors é conhecido como o "metade mais um" da Argentina, denominação que utiliza para ufanar-se de representar mais de 50% da sociedade do país. As estatísticas de diversas pesquisas, no entanto, sustentam que o time arrebanha pouco mais de 41% da torcida nacional. Mas, esse "detalhe" aritmético não provoca arranhões na imagem mística do time nascido no bairro de La Boca, um setor da capital argentina originalmente povoado por imigrantes italianos.

O time, que completou um século de existência em 2005, é o time que mais mística acumula, não só pela suposta composição operária de seus torcedores, mas também pelas características peculiares de seu "templo", o estádio La Bombonera (a caixa de bombons), e pelo intenso fanatismo de seus admiradores.

Filhos de Itália, Defensor da Boca, Estrela da Itália, Boca Juniors. Esses eram os nomes que, em 1905, cinco rapazes, filhos de imigrantes italianos de Gênova, debatiam para batizar o time, até que finalmente escolheram o de Boca Juniors.

No entanto, ainda faltavam as cores. A primeira camiseta foi cor-de-rosa. Mas, diante de uma saraivada de gozações e de uma derrota de 3 a 1 para um time já extinto do bairro de Almagro, os fundadores decidiram que o cor-de-rosa, além de ser visto como um tanto quanto feminino, era azarento.

Para resolver as divergências cromáticas, o quinteto genovês-argentino decidiu que as cores do Boca Juniors seriam as mesmas da bandeira do primeiro navio que entrasse no porto. A nave que chegou minutos depois ostentava as cores do estandarte sueco: azul e amarelo.

Para os argentinos é difícil comparar o Boca a um time brasileiro. Ele possui origens italianas, como o Palmeiras; tem uma das maiores e mais agressivas torcidas da cidade, tal como o Corinthians em São Paulo; e, de quebra, seus vínculos com o porto de Buenos Aires são indeléveis, como ocorre com o Santos.

Nas ruas de La Boca – onde os italianos de verdade escasseiam e as "cantinas" apresentam a cozinha de uma hipotética *nonna* (que muitas vezes, na crua realidade, tem sobrenome espanhol) – o time é a referência local.

De quase todos os pontos do bairro, enxerga-se La Bombonera, o estádio que recorda uma caixa redonda de bombons (por suas pa-

Os moradores de La Boca proclamaram sua "independência" em 1907. A brincadeira tinha intenções sérias: realizar festas, manter a cultura e a identidade local e, claro, o futebol dos boquenses.

redes íngremes, que permitem ao espectador que esteja sentado na última tribuna ver o campo como se fosse mergulhar nele). Boquenses e não boquenses sustentam que La Bombonera "vibra" junto com seus torcedores, especialmente quando a torcida grita os cânticos de respaldo, famosos por serem uma antologia ímpar de palavras de baixo calão. Por sua mística, La Bombonera é considerada a "catedral" do futebol, embora existam estádios maiores no país.

Seus torcedores definem-se como boquenses, *xeneizes* (pelas origens genovesas do bairro) ou *bosteros*. Esta última é a denominação depreciativa lançada décadas atrás pelos rivais emblemáticos, os torcedores do River Plate, que sugeriam que os torcedores do Boca não passavam de meros carregadores de bosta de cavalo. Isso ocorria nos tempos em que a torcida do Boca era majoritariamente operária, enquanto os fanáticos do River eram da alta sociedade (por isso eram chamados ironicamente de "milionários" pelos boquenses). No entanto, há várias décadas que a composição social dessas torcidas mudou radicalmente. Hoje, há torcedores de todas as classes sociais nas fileiras do Boca e do River. A crise argentina de 2001-2002 – que criou uma classe média "arruinada" – alterou mais ainda esse cenário.

Durante mais de meia década, o clube foi comandado por Maurício Macri, filho de um dos mais poderosos empresários do país, Franco Macri. O herdeiro – que usou o Boca como trampolim para suas ambições políticas (ele lançou um partido, foi eleito prefeito em 2007 e reeleito em 2011) – transformou o time em uma empresa: é cotado na Bolsa de Buenos Aires e possui uma ampla linha de produtos boquenses, que vai desde *lingerie* até bicicletas.

De quebra, para deleite dos torcedores masculinos, o Boca lançou na Argentina, na virada do século, a moda das *cheerleaders* no campo. Ou seja, curvilíneas *muchachas* – vestidas com ajustados e minimalistas uniformes azuis-dourados (as cores do Boca) – que, com agitadas coreografias, estimulam os jogadores a dar tudo de si no gramado.

Bicampeão da Libertadores em 1977-78, o Boca sempre foi admirado pelos brasileiros, mas a imagem da equipe ganhou muita força a partir do ano 2000, quando deu início a uma série de quatro títulos na Copa Libertadores, quase sempre superando brasileiros em algum momento do torneio. Primeiro, na final contra o Palmeiras em 2000. Na época, o time paulista era o defensor do título sul-americano, conquistado no ano anterior, e possuía um forte elenco comandado por Luiz Felipe Scolari. O primeiro jogo foi 2 a 2, na Bombonera. O segundo, em São Paulo, terminou 0 a 0, e o Boca foi campeão nos pênaltis.

No ano seguinte, em 2001, o Boca voltaria a ser campeão, eliminando o Vasco da Gama nas quartas de final e, novamente, o Palmeiras. Dessa vez, foi na semifinal e de novo nos pênaltis. Em 2003, o Boca Juniors sofreu uma surpreendente derrota para o Paysandu dentro da Bombonera por 1 a 0, com um gol de Iarley, que acabaria indo jogar no Boca posteriormente. Acabou se recuperando em Belém com uma vitória por 4 a 2. Na final, a vítima brasileira dos *xeneize* foi o Santos de Robinho e Diego, que perdeu as duas partidas.

Quatro anos mais tarde, o Boca venceria um outro time brasileiro na final. O Grêmio foi derrotado pelo time argentino duas vezes, e o Boca conquistou sua sexta Copa Libertadores. Em 2012, o Fluminense também foi eliminado pelo Boca nas quartas de final. Mas, na final, o Corinthians superou os argentinos e venceu a sua primeira Libertadores.

PAIXÃO QUE SE EXPLICA

Martín Caparrós, um dos mais refinados ensaístas da Argentina, é torcedor do Boca Juniors desde a tenra infância. Em entrevista ao autor Ariel Palacios, em 2005, falou sobre sua obra *Boquita*, o primeiro grande ensaio histórico-sociológico-filosófico sobre o clube.

Ariel – O Boca Juniors conta com lendas sobre sua gênese, tem um estádio que é centro de peregrinação para torcedores argentinos e estrangeiros e, de quebra, supostamente tem a simpatia de metade mais um dos argentinos...

Caparrós – Não sei como é no Brasil, onde também existe uma relação passional com o futebol, mas reconheço que o lugar que o Boca tem na Argentina não se parece ao que outros times têm em outros países. Primeiro, porque o Boca é um time "nacional", mesmo que sua gênese tenha ocorrido em um bairro específico de Buenos Aires. Em outros países, os times são principalmente regionais. Se dividirmos o país em milhares de blocos de 10 quilômetros quadrados de extensão cada um, o Boca possuirá torcedores em cada uma dessas partes. Isso aconteceu a partir de 1925, quando o Boca fez uma turnê pela Europa. Foi a primeira vez que um time foi acompanhado por um meio de comunicação, o jornal *Crítica*, que cobriu toda a viagem. Dessa forma, o time transformou-se em uma espécie de seleção "extraoficial" da Argentina. Além disso, o fato de ter sido um time que surgiu em um bairro de pessoas muito trabalhadoras, esforçadas, fez que o Boca adquirisse essa imagem "popular". Embora em todos os países existam os times "elegantes" e "populares", não sei se lá fora acontece algo da mesma magnitude que o Boca tem aqui.

Ariel – A maioria dos estrangeiros que aqui residem torcem para o Boca, às vezes para o Racing, mas não para outros times. Por que essa preferência?

Caparrós – É que são duas torcidas sofridas, festeiras e muito fiéis. Dos quatro times grandes do país, supõe-se que o Boca e o Racing são os que têm mais garra, são os mais esforçados, com *huevos* [testículos], em contraposição ao River e o Independiente, que possuem estilo mais calmo e burguês.

Ariel – Então, se eu quiser ver algo popular, telúrico até, precisaria estar sentado no meio da torcida do Boca...

Caparrós – Os torcedores do Boca querem suor, sangue. Exigem que os jogadores nunca se considerem vencidos. Essa torcida não se interessa pelo "balé" do futebol. Ela quer resultados. Só aceita as coisas mais "decorativas" quando o triunfo já está assegurado. Se você sentar no meio da torcida do River, será algo parecido a estar em um estádio da Europa, como o Santiago Bernabéu. Os comentários serão contidos, sóbrios... "Veja só como joga bem aquele rapaz", por exemplo. Mas, os torcedores do Boca são passionais. Às vezes aplaudem um jogador nos primeiros cinco minutos. Dez minutos depois o estão xingando pra valer...

Ariel – Existe um estilo Boca de jogar o futebol?

Caparrós – Existe. É a de jogar com *huevos*. A de colocar todo o esforço possível. É a repetição, no campo, do esforço dos antepassados imigrantes, que vinham da Itália e que trabalhavam duro para vencer na vida. É paradoxal, pois predomina entre os argentinos a ideia da lei do mínimo esforço.

Ariel – Pelé esteve quase toda sua carreira no Santos e ele é conhecido mundialmente por isso. Mas, Maradona esteve muito pouco tempo no Boca, uns 15% de toda a carreira. E, no entanto, é o emblemático jogador do Boca...

Ariel – Maradona disputou apenas 69 jogos no Boca. Mas deixou claro que é torcedor do time. E os boquenses consideram que é um imenso orgulho compartilhar a condição de torcedor com o melhor jogador da história mundial...

Ariel – Os torcedores argentinos dividem-se em boquenses e antiboquenses?

Caparrós – O sociólogo Artemio López afirma que existem duas posições. Uma é ser torcedor do Boca. A outra consiste nas diversas formas como o resto dos argentinos encontra um jeito de suportar o fato de que não é torcedor do Boca...

Ariel – Como a torcida trata ex-jogadores do Boca que estão em outro time?

Caparrós – Se eles se comportarem com respeito ao velho time, não há problema. Os ex-jogadores devem permanecer torcedores do Boca. Mas, se acontecer o contrário, aí complica. Isso foi o que ocorreu com Navarro Montoya. Ele deu vivas a um gol feito contra o Boca, e a torcida jogou em cima dele uma dúzia de vibradores.

Ariel – O nome de seu livro é *Boquita*, no diminutivo, por que é a forma pela qual muitos dos torcedores se referem ao time?

Caparrós – É uma forma carinhosa, brega e até meio marica... [risos]. É a forma que o torcedor do Boca tem de mostrar que é tão macho que até pode se dar o luxo de dizer Boquita.

RIVER PLATE: COADJUVANTE DO BOCA?

O mundo, especialmente nos últimos anos, pode enxergar o River Plate como um coadjuvante do Boca Juniors. A camisa branca com a faixa transversal vermelha da equipe de Núñez não desfrutaria da mesma popularidade da azul e dourada dos donos da Bombonera, disputada por crianças de todo o mundo. E faltaria um Maradona para servir de garoto propaganda em Tóquio, Teerã, Tel Aviv, Cidade do Cabo, Paris, Barcelona ou Chicago.

Trata-se de um drama enfrentado por outras equipes ao redor do mundo, sempre à sombra de um rival mais famoso, como o Fluminense no Rio, o City em Manchester, o Everton em Liverpool, o Lazio em Roma e o Atlético em Madrid – no caso, suplantados em reconhecimento por Flamengo, Manchester United, Liverpool, Roma e Real, respectivamente.

Os torcedores do River, porém, nunca se enxergaram como coadjuvantes do Boca. Seriam, na pior das hipóteses, dois iguais, bem diferente do Real e do Atlético de Madrid, onde a superioridade do primeiro é incontestável. De acordo com os alvirrubros, eles seriam o número um da Argentina. E não faltam argumentos para os *millonarios*, como são conhecidos os *hinchas* do River.

Para começar, o time de Núñez, até 2013, era o detentor do maior número de títulos nacionais argentinos, à frente do Boca. Ao todo, são 34 contra 24 dos rivais. Uma diferença de quase 30% a favor dos *millonarios*. São, portanto, na visão deles, os grandes campeões da Argentina, embora sempre omitam que possuem menos títulos internacionais do que o próprio Boca, além do Independiente e do Estudiantes.

Um segundo argumento forte para o River é o de possuir o maior estádio da Argentina. O Monumental de Núñez possui capacidade para 64 mil pessoas e serve de sede para as partidas da seleção argen-

River Plate domina o jogo contra o Atlético de Rafaela. O time, que conta com a segunda maior torcida da Argentina, amargou o rebaixamento para a segunda divisão em 2011. No ano seguinte, voltou à categoria principal.

tina, tendo sido o palco da final da Copa de 1978, quando Kempes liderou a equipe para conquistar o seu primeiro título mundial.

As justificativas lembram, de certa forma, as do São Paulo. O time paulista se orgulha de ser o detentor de mais títulos e, pelo menos até 2013, do mais importante estádio da capital paulista – o Itaquerão, do Corinthians, a partir de 2014, se tornaria o principal. O River lembra também o São Paulo em outros pontos, não apenas no estádio. As torcidas dos dois times costumam ser comparadas por serem associadas à elite e estarem em segundo no *ranking* de popularidade, enquanto os rivais Corinthians e Boca Juniors seriam os times do povão e os mais adorados. A localização dos estádios do Morumbi e o Monumental são outro ponto comum – ambos ficam em bairros de classe média alta. Arquitetonicamente, os dois têm similaridades, com três divisões na arquibancada e a pista de atletismo, se diferenciando das arenas em voga atualmente. No entanto, ao contrário do River, o São Paulo é o time com maior número de títulos internacionais do país.

As origens do River e do clube paulista também se diferem. O São Paulo nasceu tardiamente, nos anos 1930. Com o fim do amadorismo, o Paulistano e o São Paulo da Floresta, clubes da elite paulistana, decidiram não disputar os campeonatos profissionais. Os jogadores dos dois times se juntaram e fundaram o São Paulo, tricolor justamente em homenagem às cores dos clubes que lhe deram origem. O time de Leônidas da Silva e Rogério Ceni nasceu rico e grande, conquistando títulos desde os seus primórdios.

O River nasceu pobre e perdedor. É resultado da união de dois times, Santa Rosa e La Rosales. Ironicamente, ambos eram de La Boca, o bairro hoje associado ao maior rival. Quando a fusão ocorreu em 1901, os integrantes pensaram até em colocar o nome de Juventude Boquense no time. Mas optaram finalmente pelos dizeres de um caixote proveniente da Inglaterra, endereçado ao *River Plate* nome em inglês do rio da Prata. A denominação, portanto, está ligada ao porto de Riachuelo, assim como as cores da camisa do Boca.

Falando em camisa, as cores do River também têm raízes na bandeira vermelha e branca de Gênova. Isto é, em mais uma semelhança com o Boca: o alvirrubro também é originalmente genovês, embora essa marca italiana seja hoje do Boca Juniors, com seus torcedores sendo chamados de *xeneize*, genovês na tradução italiana.

O River pode ter nascido no que hoje é um território adversário, mas cresceu pela cidade e por seus subúrbios. Quando deixou o bairro, poucos anos depois da fundação, foi para o município de Avellaneda, voltou para a capital e instalou-se no bairro de Caballito, antes de voltar brevemente para o bairro de La Boca. Em 1923, começou sua migração para a zona norte e instalou-se no bairro de Palermo, da classe média portenha, na avenida Alvear, esquina com a Tagle. Assim como em São Paulo, os times de futebol argentinos são clubes, com áreas sociais, incluindo restaurantes, e uma série de modalidades esportivas, do polo aquático à pelota basca – por esse motivo, o uso de Club Atlético.

Nos anos 1930, o River precisou deixar Palermo e arrumar uma nova localização. Diante desse cenário, em 1938, o clube instalou-se no bairro de Belgrano, onde está até hoje, quase na fronteira do bairro de Núñez, que – por falta de rigor geográfico – dá nome ao estádio Monumental de Núñez (mas que, oficialmente, se chama Estádio Monumental Antonio Vespucio Liberti). A sede social também se localiza nessa área, uma região aterrada do rio da Prata.

Nessa mesma década de 1930, o River decidiu investir em contratações caras, pagando elevados salários para seus jogadores, incluindo craques como Bernabé Ferreyra. Por esse motivo, segundo os torcedores do clube, surgiu o apelido de *millonarios*. Os boquenses possuem uma outra versão. Os *millonarios* seriam associados à elite que torce para o River Plate.

Se nos anos 1930 o River emergiu como um dos grandes da Argentina, a década de 1940 consolidaria a equipe como a maior do país. Seus craques eram tantos, que o time passou a ser conhecido como La Máquina. Os anos 1950 mantiveram o River no topo do futebol argentino. A decadência veio na década seguinte, com a ascensão do Racing e do Estudiantes no âmbito local, e do Santos e do Peñarol no continente. Ao longo de todos os anos 1960, dos Beatles e dos movimentos estudantis, o alvirrubro não conquistou um título sequer – e, nesse ponto, mais uma similaridade com o São Paulo, que também não foi campeão em período dominado por Palmeiras e Santos.

A década de 1970 foi a do renascimento do River, para chegar aos anos 1980, de Passarela, Ramón Diaz e Francescoli, novamente como o maior clube da Argentina e conquistar em 1986 a sua primeira Libertadores. Os anos 1990 também foram grandiosos, com a segunda Libertadores em 1996. Já os anos 2000 foram difíceis, não por uma performance ruim, mas por ver o Boca Juniors dominar o cenário da América da Sul.

Em 2011, porém, o River viveu a sua maior tragédia ao cair para a segunda divisão da Argentina. A humilhação foi gigantesca e motivo de gozação não apenas dos torcedores do Boca, mas de todos os outros argentinos. O River teria se desprestigiado, sendo apenas mais uma equipe comum. Em 2012, porém, conseguiu retornar para a primeira divisão ao conquistar o título da segundona. Agora, será o momento de a equipe se preparar, como nos anos 1930 e 1970, para voltar a ser La Máquina, como nas décadas de 1940 e 1980, pois essa parece ser a sina do River a cada 40 anos – uma década ruim, uma década de amadurecimento e duas décadas de maior da Argentina.

OUTROS CLUBES DA CAPITAL E DA ÁREA METROPOLITANA

Uma das maiores dificuldades para um brasileiro na Argentina é explicar o futebol do Brasil. Afinal, existem diferentes centros futebolísticos no Brasil, como São Paulo, Rio de Janeiro, Belo Horizonte e Porto Alegre. Na Argentina, há mais de uma dezena de equipes concentradas em Buenos Aires e seus arredores.

Os clubes, como no Brasil, e diferentemente de alguns países da Europa, são normalmente associados a bairros ou comunidades de imigrantes de Buenos Aires. O Ferro Carril Oeste, por exemplo uma equipe menor da capital, é o clube dos moradores de Caballito. Os sócios podem praticar, nesses clubes, não apenas o futebol, como também vôlei, basquete, tênis, natação, musculação, atletismo e pelota basca, além de poder comer um sanduíche no pão de miga e tomar um café ou suco. Não seriam diferentes de agremiações como o Juventus da Mooca, o Corinthians, o Fluminense, o Palmeiras e o Flamengo.

Boca e River, claro, são os dois maiores. Mas, em Buenos Aires e nos municípios da Grande Buenos Aires, são cinco times grandes. Além dos dois gigantes, estão Racing, Independiente e San Lorenzo. Talvez similar ao estado de São Paulo, se levarmos em conta Palmeiras, Corinthians, São Paulo, Santos e Portuguesa. O Rio de Janeiro também serviria de comparação, com Flamengo, Fluminense, Vasco, Botafogo e América.

Mas existem diferenças. Os cinco grandes de Buenos Aires possuem torcidas expressivas. A Portuguesa e o América, não. E todos ficam na Grande Buenos Aires (Racing e Independiente estão no município de Avellaneda, na região metropolitana de Buenos Aires), enquanto o Santos se localiza a uma hora da capital paulista, no litoral.

Por essas razões, decidimos falar separadamente do Boca e do River, agrupando os demais times entre aqueles da capital e aqueles do interior, fora da área metropolitana. Certamente, essa decisão ofenderá os torcedores do Racing, do Independiente e do San Lorenzo. Afinal essas três equipes se consideram tão grandes quanto ou maiores do que os times de La Boca e de Núñez, e possuem fortes argumentos para defender a superioridade. Seria como se colocássemos o Corinthians e o São Paulo acima do Palmeiras e do Santos ou o Flamengo e o Fluminense como superiores ao Vasco e ao Botafogo. Por esse motivo, pedimos perdão. Mas essa era a única forma de citar todos no livro.

Racing, La Academia

Entre os times da Grande Buenos Aires que não se chamam Boca Juniors ou River Plate, vamos começar falando do Racing. A Academia, como é conhecido, nasceu em 1903, no bairro de Barracas del Sud.

O nome Racing não tem ligação com corrida de automóveis. Isto é, não era um *racing club*. A ideia veio de uma revista francesa que exibia uma imagem do *racing club* de Paris e os fundadores acharam um bom nome. Nada diferente de dar a uma pizzaria um nome italiano ou a uma lanchonete de *hotdogs* uma denominação americana.

Nos seus primórdios, o Racing vestia a camisa branca, mas esta acabou substituída por outra rosa e azul, antes de se tornar alviceleste, parecida com a da Argentina, usada até hoje. Em seu nascimento, como os outros grandes atuais, o Racing era pequeno. Depois de batalhas frustradas para chegar à primeira divisão, finalmente conseguiu subir em 1910, derrotando o Boca Juniors.

De repente, o Racing se tornava um dos maiores da Argentina. Com quase mil sócios, em 1913, conquistaria o primeiro de uma série de sete títulos seguidos. Essa impressionante sequência, jamais repetida no futebol argentino, levou o time a receber o apelido de La Academia. O último deles, em 1919, foi conquistado vencendo todos os jogos. A torcida ficou gigante, especialmente porque era o único time com um escrete 100% argentino.

Nas décadas seguintes, o Racing não se adaptou bem à profissionalização do futebol argentino, ficando 24 anos sem ser campeão, até o heroico tricampeonato de 1949-1950-1951, celebrado com a canção "Himno de las Americas". Neste período de glórias para o time de Avellaneda, foi inaugurado o gigantesco estádio Juan Domingo Perón, conhecido como El Cilindro.

A maior conquista do Racing ocorreria em 1967, quando se tornou o primeiro time da Argentina a vencer o Mundial Interclubes. Verdade, este ano marcaria também o início de uma longa seca de títulos para o clube alviceleste. Pior, em 1983 despencou para a série B. No fim dos anos 1990, o clube entrou em fase quase terminal, e muitos davam a sua morte como inevitável. Torcedores temiam que, justamente com a proximidade do centenário, o clube fosse fechado.

O salvamento se deu através de uma empresa privada chamada Blanquiceleste, que assumiu o futebol e o estádio do time, evitando o fechamento. Em 2001, finalmente, depois de 34 anos, o Racing voltaria a ser campeão. Ainda assim, La Academia nunca mais seria a mesma de um século antes.

Independiente, o rei da América

O maior rival do Racing é o Independiente, com seu estádio a um quarteirão de distância (não existe registro de uma proximidade geográfica similar entre dois grandes times rivais no resto do mundo, fato que, somado à violência das duas torcidas, levou os comentaristas a chamar esses 100 metros de "a Faixa de Gaza"). Assim como o principal adversário, nasceu em Buenos Aires, no bairro de Montserrat, antes de se mudar para Avellaneda, ainda no século XX. Trata-se de uma equipe diferente das rivais por ter uma história internacional bem maior do que a nacional.

Até hoje, o Independiente é o clube com o maior número de conquistas da Libertadores da América. Foram sete ao todo, entre as décadas de 1960 e 80. Também possui dois Mundiais e uma série de taças continentais. O orgulho é tanto que seu estádio leva o nome de Libertadores da América. Nos últimos anos, porém, o Independiente passou a enfrentar crises. O auge foi a queda, em meados de 2013, para a segunda divisão.

San Lorenzo, o time do papa

O San Lorenzo, por ter pouca tradição na Libertadores, sempre foi o menos conhecido dos cinco grandes da Argentina fora do país. Mas, internamente, o San Lorenzo é forte e respeitado pelos adversários. Atualmente, com o torcedor mais ilustre do mundo, o papa Francisco, a equipe ganhou dimensão internacional.

Aliás, falando em pontífice, o nome San Lorenzo foi dado em homenagem ao padre Lorenzo Massa, em 1908. A primeira conquista chegaria em 1933. Nas décadas seguintes, a equipe conquistaria uma série de títulos. Como o Racing, o Independiente e o River, também passeou pela segundona, nos anos 1980. Em 2001 e 2002, venceu seus dois únicos títulos internacionais, a Copa Mercosul e a Copa Sul-americana.

Vélez, o time de bairro que virou campeão mundial

O Vélez Sarsfield é um time de bairro de Buenos Aires. Sua torcida é incomparavelmente menor do que as do Boca e do River, e tampouco chega perto das de San Lorenzo, Racing e Independiente. Ao mesmo tempo, tem um estádio no bairro de Liniers para cerca de 50 mil pessoas que com frequência fica vazio. O time conquistou uma série de títulos não apenas nacionais, como até mesmo uma Libertadores e um Mundial, em 1994, quando o clube atingiu seu auge com o comando do treinador Carlos Bianchi, ex-jogador do Vélez nos anos 1960, e também com o famoso goleiro-artilheiro paraguaio Chilavert. Ao todo, conquistou dez campeonatos argentinos.

O clube, além do bom time de futebol, ainda se destaca em outras modalidades. Ao contrário de outros times argentinos, mantém instalações modernas, incluindo um dos melhores parques aquáticos da Argentina.

Argentinos Juniors, dos anarquistas a Maradona

O Argentinos Juniors é outro dos times de bairro a conquistar destaque internacional. E sua história também está ligada a outra parte do mundo. No caso, os Estados Unidos. Mais especificamente a um grupo de anarquistas de Chicago envolvidos no episódio conhecido como Heymart Riot, em 1886. Sete anarquistas foram condenados à morte depois de acusados por explodir uma bomba que matou sete policiais e quatro civis na cidade americana. Apesar de haver polêmica envolvendo o julgamento, quatro deles foram enforcados e um se suicidou antes da execução da sentença. Em homenagem a esses anarquistas, jovens argentinos batizaram seu time inicialmente como Mártires de Chicago, em 1904.

Foi nas divisões inferiores do Argentinos Juniors que foi revelado Maradona. Ele jogou no clube de 1976 a 1980. Na época, mesmo sendo ainda um adolescente, Maradona era considerado um dos melhores do mundo, ao lado de Zico e Platini. O clube foi convidado para jogar ao redor do mundo, e estrangeiros faziam questão de assistir aos Argentinos Juniors quando visitavam Buenos Aires.

Mesmo sem Maradona, o Argentinos Juniors conquistou a Libertadores de 1985, mas perdeu a final do Mundial Interclubes para a Juventus. Riquelme e Redondo são alguns dos outros craques revelados pelo clube. Seu estádio se localiza na Villa General Mitre, embora, erroneamente, parte de seus próprios torcedores acreditem que se situe no bairro de La Paternal.

OS TIMES DO INTERIOR

Além dos cinco grandes, do Vélez e do Argentinos Juniors, Buenos Aires possui uma gigantesca lista de clubes. Muitos já foram campeões nacionais. Alguns obtiveram até mesmo sucesso internacional, como o Lanús, da Grande Buenos Aires, campeão da Copa Sul-Americana de 2013. São, normalmente, clubes de bairro, como Huracán, Banfield, Ferro Carril, Chacarita e Atlanta.

Clubes do interior

La Plata, que na prática faz parte da Grande Buenos Aires, Rosário e Córdoba são as cidades com times fortes na Argentina. Inclusive, possuem seus próprios clássicos e torcedores fanáticos. Internacionalmente, o Estudiantes foi o único a ter ganhado uma Libertadores da América, por quatro vezes (1968, 1969, 1970 e 2009), tendo mais títulos que qualquer equipe brasileira. O Newell's chegou a ser vice por duas vezes, sendo derrotado pelo São Paulo em uma delas.

Dentro da Argentina, o Newell's é o time com maior número de títulos, totalizando seis ao todo, contra cinco do Estudiantes e quatro do Rosario Central. Ironicamente, a cidade de Córdoba, uma das três mais importantes da Argentina, nunca viu um de seus times – Instituto, Talleres e Belgrano – ser campeão.

Rosário, com o Central e o Newell's, tem um dos clássicos mais apaixonantes da Argentina. De um lado, os torcedores do Rosario Central, conhecidos como *canallas* (canalhas), por terem se recusado a participar de um jogo beneficente para os portadores de lepra. Os do Newell's concordaram em jogar, e até hoje, com orgulho, se autodenominam "leprosos".

Estudiantes e Gimnasia y Esgrima formam o grande clássico de La Plata. Embora o segundo nunca tenha sido campeão, disputa os torcedores com o tetracampeão da Libertadores. O fanatismo das duas torcidas já levou a muitas cenas de violência no passado.

Córdoba, por sua vez, vê seus times perderem força e, cada vez mais, os moradores da cidade optam por torcer pelos grandes de Buenos Aires.

OS CLÁSSICOS E O SUPERCLÁSSICO

A FORÇA DOS TIMES REGIONAIS

No Palio de Siena, há séculos é realizada uma corrida de cavalos na Piazza il Campo, todos os anos, duas vezes no verão – uma em julho e outra em agosto. Depois de um tradicional desfile de bandeiras, os cavalos participam da disputa, representando cada uma das *contradas*, ou minibairros dessa cidade toscana.

Nesse embate, cada *contrada* costuma ter uma rival. A Aquila é inimiga da Pantera; a Istrice, da Lupa; a Tortuca, da Chicciola; a Torre, da Onda. Essas rivalidades ajudam a entender os clássicos de futebol argentino, que possuem um paralelo com o Palio de Siena. Talvez pelas origens italianas de grande parte dos clubes argentinos ou por pura coincidência.

Mas, como na corrida de cavalos na Toscana, cada equipe de futebol da Argentina tem um maior adversário. Isso diferencia os clássicos argentinos dos brasileiros. Em São Paulo e no Rio de Janeiro, temos quatro clubes grandes. Entre os paulistas, Corinthians, Palmeiras, São Paulo e Santos. Entre os cariocas, Flamengo, Fluminense, Vasco e Botafogo. Os clássicos são qualquer combinação de partidas entre dois desses quatro times. Palmeiras *versus* Corinthians é um clássico, assim como São Paulo *versus* Corinthians, São Paulo *versus* Palmeiras e qualquer confronto envolvendo o Santos. O mesmo se aplica aos times do Rio de Janeiro. Em outros estados, como Bahia, Minas Gerais e Rio Grande do Sul, temos apenas um clássico. No caso, Ba-Vi, Gre-Nal e Atlético *versus* Cruzeiro. Paraná e Pernambuco possuem três grandes cada um. Mas o sistema é o mesmo. Todo jogo envolvendo grandes clubes será descrito como clássico.

Na Argentina, a descrição de um clássico segue os padrões do Palio de Siena. O River é rival do Boca. O Racing, do Independiente. O San Lorenzo, do Huracán. Verdade, uma partida entre Racing e Boca gera a expectativa de um clássico. Mas terá uma importância menor para ambos do que enfrentar o verdadeiro rival.

Além disso, os clássicos não são apenas partidas entre grandes clubes, como no Brasil. Envolve também jogos entre times do interior e mesmo médios e pequenos da capital. No primeiro caso, há similaridade com o Brasil. O *derby* entre Ponte Preta e Guarani pode ser considerado um clássico campineiro, assim como um jogo entre Estudiantes contra o Gimnasia y Esgrima de La Plata. No segundo, porém, um jogo da Portuguesa contra o Juventus ou do América contra o Bangu não será chamado de clássico. Mas do Atlanta contra o Chacarita, sim.

Essas rivalidades têm origem muitas vezes geográficas. O time de um bairro tende a ser rival da equipe do bairro vizinho. Seus torcedores costumam frequentar o clube e parte de sua identidade se forma ao redor das piscinas, das quadras e do estádio. Às vezes, se localizam no mesmo bairro, como no caso do Chacarita e do Atlanta no passado. Tanto que a partida entre eles se denomina "clássico de Villa Crespo", apesar de o Chacarita ter se mudado há muitos anos.

BOCA-RIVER, O SUPERCLÁSSICO

Duas vezes por ano, Boca e River se enfrentam em jogos oficiais. Uma delas no Monumental. Outra, na Bombonera. Como na Argentina não há final, as partidas são sempre durante o Torneio Inicial, antes conhecido como Apertura, e Final, o antigo Clausura. Também existem os amistosos no verão, em cidades como Mar del Plata. Esporadicamente, podem ocorrer outros confrontos, como na histórica quartas de final da Libertadores em 2000, com a vitória do Boca, que viria a ser campeão. Em outros anos, como ao longo da temporada 2011-12, o encontro não ocorreu, porque o River havia caído para a série B.

Os clássicos possuem faces diferentes, dependendo do estádio em que ocorre a partida. Não é como no Rio de Janeiro, onde quase todos os clássicos são no Maracanã. Ou em São Paulo, onde o Corinthians não possuía sua sede, até a inauguração do novo estádio em Itaquera, e o antigo estádio do Palmeiras raramente era usado para clássicos. Talvez, parecido com Buenos Aires, só Porto Alegre, onde Grêmio e Inter possuem suas arenas.

No Monumental, o jogo é do River Plate. A torcida será alvirrubra. Na Bombonera, do Boca Juniors, todos nas arquibancadas estarão com a camisa *amarelo y oro*. Não é como no Brasil, onde os rivais podem comparecer e dividir as arquibancadas do Mineirão, como fazem Cruzeiro e Atlético. Se o mando é do River, torcedores do Boca nem sequer podem vestir as camisas de seu time e ocupar espaço mínimo no estádio. E vice-versa.

Ao decidir assistir a um Boca-River, portanto, um brasileiro deve optar de antemão se prefere ver uma partida na Bombonera ou no Monumental. Se prefere ver os *millonarios* contra os *bosteros* ou os *xeneizes* contra os *gallinas*. Aliás, é necessário explicar essas denominações. Como dissemos em outro capítulo, o apelido *millonarios* para o River tem sua origem no time de caras estrelas dos anos 1930. Além disso, desde a sua saída de La Boca para Núñez, com passagem por Palermo, o River passou a ser associado à elite argentina. O apelido *gallinas* é pejorativo, dado pelos torcedores rivais ao River por supostamente a equipe de Núñez tremer em momentos decisivos, como em um jogo da Libertadores contra o uruguaio Peñarol nos anos 1960. *Bosteros* vem de bosta mesmo e é atribuído a uma fábrica de adubo nos arredores da Bombonera no passado, deixando o cheiro na região muitas vezes insuportável. Obviamente, serve também para os torcedores do River descreverem os do Boca como sujos, associando o time rival a uma classe social mais baixa. Seria como chamar um corintiano de "gambá". *Xeneize* vem de genovês e é a forma como os torcedores do Boca gostam de se autodenominar. Para os argentinos, Boca-River pode ser considerado o maior clássico de clubes mundial. Não existe nenhum jogo entre dois rivais como esse. São as duas maiores torcidas da Argentina e, juntas, representam mais de dois terços da população, com uma rivalidade que já dura mais de um século. É diferente do Brasil. As duas maiores torcidas brasileiras são Corinthians e Flamengo. Por ficarem em diferentes cidades, no entanto, nunca foram rivais. A partida entre o alvinegro paulista e o rubro-negro carioca não desperta grandes paixões. Tampouco possuem, somados, sequer a metade da torcida do Brasil.

OS CLÁSSICOS E O SUPERCLÁSSICO

Os torcedores dos dois lados esperam com ansiedade para assistir ao superclássico Boca x River.

Alguns brasileiros poderiam comparar o superclássico argentino com o Fla-Flu. Mas a torcida do tricolor do Rio hoje é a terceira do estado, atrás também da do Vasco. No Brasil todo não chega a 3%, de acordo com pesquisas. Corinthians e São Paulo possuem a segunda e a terceira maiores torcidas do Brasil. O clássico, porém, divide espaço com Palmeiras e Corinthians, o mais tradicional do estado. Atlético Mineiro *versus* Cruzeiro, Bahia *versus* Vitória e Grêmio *versus* Internacional, para seus estados, talvez sirvam para entender a dimensão de um Boca-River. O problema é que, fora de suas fronteiras estaduais, não repercutem tanto. O superclássico, por sua vez, domina toda a Argentina.

Dos países vencedores da Copa do Mundo, apenas o Uruguai tem uma rivalidade próxima à da Argentina, com o clássico entre Peñarol e Nacional. Mas é um país pequeno, de pouco mais de 3 milhões de habitantes. A Alemanha vê o apoio das torcidas se pulverizar entre Munique, Hamburgo, Colônia e Berlim. O mesmo ocorre na Inglaterra, com cada uma das grandes cidades – Manchester, Liverpool e Londres – possuindo ao menos dois times grandes; ou na França, com equipes fortes em Marselha, Lyon, Paris e Bordeaux. O clássico entre Milan e Internazionale, em Milão, também perde para o Boca-River; afinal, a maior torcida da Itália é a da Juventus, de Turim. Seu rival, o Torino, fica bem atrás de outros times italianos em número de torcedores. Não é como na Argentina, onde o superclássico tem as duas maiores torcidas.

E o Barcelona *versus* Real Madrid, duas das maiores equipes do mundo, com gigantescas torcidas não apenas na Espanha, como também em Tóquio, Nova York, Tel Aviv, Teerã e mesmo Buenos Aires? Também não se equipara a um Boca-River, pois cada um dos times fica em uma cidade. Um torcedor do Barça dificilmente encontrará no trabalho no dia seguinte um fanático pelo Real para poder fazer uma gozação em caso de vitória.

OS CLÁSSICOS E O SUPERCLÁSSICO

A magia do clássico Boca-River encanta até mesmo nações não tão fanáticas por futebol. Diplomatas norte-americanos na embaixada dos EUA em Buenos Aires produziram um vídeo divertido para explicar a singularidade desse clássico. Na Europa e na Ásia, livros foram escritos e documentários filmados sobre essa partida.

Nascidos juntos, no mesmo bairro, Boca e River inicialmente possuíam uma rivalidade similar à do Ferro Carril com o Vélez Sarsfield. O primeiro jogo oficial ocorreu em 1913, embora haja relatos de partidas amistosas em 1908. Podem ter ocorrido outras anteriormente, mas sem registro histórico. Como não há final na Argentina, Boca e River raramente disputaram uma partida decisiva. Essa é mais uma diferença em relação ao Brasil, onde os campeonatos estaduais possuem partidas finais, e um dos dois times em campo sai campeão. Os jogos costumam ocorrer durante o Torneio Inicial e o Final. Mas, quando se confrontam em Libertadores, geralmente a partida é inesquecível, como o 3 a 0 do Boca sobre o River em 2000, com um gol de Palermo, ídolo *xeneize*. Dias depois, o Boca superaria o Palmeiras, dando início a uma era de conquistas. Em 2004, viria uma vitória nos pênaltis.

O CLÁSSICO DE AVELLANEDA – RACING *VERSUS* INDEPENDIENTE

Embora estejam em segundo plano quando comparados ao Boca-River, Racing e Independiente disputam um dos maiores clássicos do planeta. Os dois clubes foram campeões mundiais, diversas vezes venceram o campeonato argentino, possuem torcidas ao redor de toda a Argentina e sua rivalidade dura mais de um século.

Os estádios se localizam a algumas centenas de metros um do outro, na cidade de Avellaneda, na Grande Buenos Aires. Torcer por uma vitória do Rojo, como é conhecido o Independiente, é tão importante como torcer contra La Academia, apelido do Racing.

Um dos momentos mais marcantes para a história do Independiente foi em 1983. Naquele ano, o Rojo conquistou o Campeonato Argentino. O Racing, por sua vez, caiu para a segunda divisão. Um canto com os devidos palavrões, de autoria dos *diablos rojos*, a torcida do Independiente, simboliza a diferença entre os dois clubes naquela época:

En el año 83 yo me reía, Academia no parabas de llorar,

ya pasaron varios años de ese dia, y por eso te lo voy recordar,

yo era campeón, vos te ibas al descenso por cagón,

así son Academia la puta que te parió

O revide do Racing demorou 30 anos, com a queda do Independiente em junho de 2013 para a série B. A torcida da Academia celebrou o descenso do rival como se fosse um título, saindo para as ruas de Avellaneda e outras partes da Argentina para comemorar.

OUTROS CLÁSSICOS ARGENTINOS

O Atlanta, tradicionalmente, é associado à comunidade judaica de Buenos Aires, uma das maiores do mundo fora de Israel. Os torcedores do Chacarita, por sua vez, costumam entoar gritos antissemitas nas partidas entre os dois clubes. Em 2012, 20 pessoas ficaram feridas depois de uma briga por causa de cânticos dos torcedores do Chacarita contra os judeus. Organizações judaicas repudiaram duramente esses cânticos.

OS CLÁSSICOS E O SUPERCLÁSSICO

Ferro Carril e Vélez Sarsfield disputam o clássico do oeste. Perdeu impacto devido à enorme diferença entre os dois clubes nas últimas décadas. Enquanto o Ferro navega pelas divisões inferiores desde o ano 2000, o Vélez venceu o Clausura de 2013 e, nos anos 1990, conquistou a Libertadores e outros torneios continentais. Apesar dessa diferença, é um dos mais tradicionais clássicos de bairro de Buenos Aires. De um lado, o Vélez, de Liniers, com seu estádio para mais de 40 mil torcedores. Do outro, o Ferro, do tradicional Caballito.

O San Lorenzo sempre esteve incluído entre os cinco grandes da Argentina. Seu rival, porém, é o Huracán. Os dois eram de bairros próximos, Almagro e Nueva Pompeya, respectivamente, embora hoje joguem nos distantes Nuevo Gasometro e Parque Patricios. Apesar de ser um clássico, a superioridade do San Lorenzo, time do papa Francisco, é marcante. Tem um número de vitórias bem superior ao Huracán, conquistou mais títulos e sua torcida está espalhada por toda a Argentina.

Rosário, única cidade do interior da Argentina a ter clubes campeões nacionais (La Plata pode ser incluída como Grande Buenos Aires), passou três anos sem o seu clássico rosarino. O Rosario Central ficou na série B entre 2010 e 2013 e não pôde enfrentar o Newell's Old Boys.

O *New York Times* destacou a importância do jogo, explicando a rivalidade entre os dois clubes de Rosario, uma cidade que ganhou destaque por ter sido onde o maior jogador do mundo, Lionel Messi, passou e infância:

> A devoção é tão completa que os moradores da cidade não são descritos como torcedores, mas como portadores de uma doença. Os simpatizantes do Central são conhecidos como canalhas desde os anos 1930, por terem se recusado a disputar uma partido para arrecadar recursos para o combate à lepra. Os do Newell's, que concordou em jogar, foram apelidados de leprosos.

Por questões contratuais, Messi não pode falar de outro time, a não ser do Barcelona. Mas o seu amor ao Newell's, seu time de infância, foi descrito em código para a revista *El Gráfico*, da Argentina, em 2005: "Sou argentino, rosarino e leproso". Quem conhece sabe que ele se referia ao time de sua cidade natal.

Outra rivalidade gigantesca é a entre o Estudiantes e o Gimnasia y Esgrima de La Plata. Há quem diga ser a maior da Argentina devido à intensidade das duas torcidas. Apesar de o Estudiantes ter mais títulos, incluindo quatro Libertadores, o Gimnasia possui, segundo pesquisa do *Clarín* de 2010, a maior torcida da cidade. Para a humilhação do rival, a segunda maior não é a do Estudiantes, mas do Boca Juniors.

CLÁSSICOS ARGENTINOS

Boca x River

Racing x Independiente

San Lorenzo x Huracán

Vélez x Ferro

Chacarita x Atlanta

Estudiantes x Gimnasia

Rosario x Newell's

A BOLA E SEUS TEMPLOS

LA BOMBONERA, A CATEDRAL DO FUTEBOL

Na Argentina, cada time tem seu estádio. Não existe um estádio municipal compartilhado por todos os clubes, como um Maracanã, um Pacaembu, um Mineirão. As equipes possuem as suas próprias casas. A do Boca Juniors é a Bombonera; a do River, o Monumental; a do Racing, o Juan Domingo Perón, mais conhecido como o Cilindro de Avallenada; a do San Lorenzo, o Nuevo Gasometro.

Nesse sentido, Buenos Aires se difere do Rio de Janeiro, onde os grandes costumam jogar no Maracanã, a não ser pelo Vasco, com o São Januário, e o Botafogo, agora com o Engenhão. Ainda assim, um Vasco *versus* Botafogo, assim como o Fla-Flu, costuma ser realizado no Maracanã.

Em São Paulo, sem dúvida o Palmeiras, a Portuguesa, o Juventus e o São Paulo sempre tiveram seus estádios. Mas o Corinthians demorou mais de um século para ter uma "casa" condizente com o tamanho do clube, com a construção do Itaquerão para a Copa. Antes disso, jogava no Pacaembu, da prefeitura. O estádio La Bombonera não é o maior "templo" do futebol da Argentina. No entanto, é considerado a "catedral" por excelência do esporte do país, devido à mística que acumula.

O nome oficial do estádio do Boca é Alberto J. Armando, em homenagem ao diretor do time nos anos 1960 e 70. Foi inaugurado no dia 25 de maio de 1940 (o 25 de maio é uma das datas nacionais

argentinas, já que refere-se ao início da Revolução de Maio, em 1810, pontapé inicial do processo de independência argentina).

Suas arquibancadas íngremes são a decorrência da falta de espaço para construir o estádio, já que teve que ocupar o mesmo reduzido espaço do estádio antigo, que era de madeira. Seu formato recorda uma caixa redonda de bombons (*la bombonera*).

O time de futebol foi fundado em 1905. Mas durante anos esteve mudando constantemente de terreno (entre 1914 e 1916 até foi parar fora do bairro de La Boca, no distrito de Wilde, na Grande Buenos Aires). Apenas em 1922 instalou-se no quarteirão onde está e onde o estádio antigo seria inaugurado em 1924 com um jogo contra o Nacional, de Montevidéu.

La Bombonera é considerado o templo principal do futebol na Argentina, ainda que não seja o maior estádio do país.

No ano de 1937, a direção do clube decidiu fazer um concurso para construir um estádio de porte. O desafio foi erigir um edifício de três anéis de arquibancadas em uma base exígua. O formato obriga o espectador sentado no último anel a olhar para baixo para ver o jogo claramente. Algo similar ao que ocorria no Coliseu em Roma, quando um cidadão do império queria ver os gladiadores na arena.

O estádio, como descrito anteriormente, foi inaugurado em 1940. Mas essa foi apenas a primeira fase da construção. As obras continuaram, e um ano depois foi inaugurado o segundo andar. Somente em 1951 concluiu-se o terceiro andar. No entanto, houve uma nova ampliação em 1996, de forma a aumentar sua capacidade para 57.503 pessoas.

O nome informal do estádio surgiu quando a secretária do arquiteto esloveno Viktor Sulčič lhe deu de presente de aniversário uma caixa de bombons. Sulčič ficou impressionado, pois a caixa tinha o formato exato que queria fazer para o estádio. O arquiteto começou a levar a caixa em todas as reuniões com o engenheiro José Delpini e o geômetra Raúl Bes, que quebrou a cabeça para resolver os problemas estruturais. No próprio dia da inauguração, as autoridades do clube, fazendo piada, chamaram o estádio de La Bombonera.

Boquenses e não boquenses sustentam que La Bombonera "vibra" junto com seus torcedores. Isso ocorre especialmente quando a torcida grita os cânticos de respaldo ao time. Uma pesquisa do jornal inglês *The Observer* sustenta que o evento número 1 de uma lista de 50 espetáculos esportivos que é preciso ver antes de morrer é um superclássico Boca-River no La Bombonera. Algo assim como uma missa com o próprio papa na Basílica de São Pedro.

MONUMENTAL, MAIS DO QUE A CASA DO RIVER

Na Argentina, o maior estádio é o Monumental de Núñez, do River Plate. Construído nos anos 1930, demorou décadas para ser totalmente concluído. Após uma remodelação, foi sede da final da Copa de 1978, quando a Argentina, liderada por Kempes e Passarela, conquistou seu primeiro Mundial.

Ao assistir a uma partida no Monumental, é inevitável compará-lo ao Morumbi, do São Paulo. Em primeiro lugar, pela localização, em um bairro nobre de Buenos Aires, assim como o da capital paulista, que dá o apelido ao estádio tricolor. Em segundo, pela aparência, com três divisões de arquibancada, embora em dois anéis, e não três, como o do time brasileiro, e o formato olímpico, com pista de atletismo. Por este motivo, os torcedores ficam distantes dos jogadores, diferentemente da Bombonera.

A capacidade do Monumental já atingiu mais de 100 mil torcedores décadas atrás – o recorde seria em uma partida do River contra o Racing, no Campeonato Metropolitano de 1975. Por questões de segurança e exigências da Fifa para a Copa de 1978, assim como ocorreu no Maracanã e no Mineirão para a Copa no Brasil, o estádio passou a comportar cerca de 74 mil pessoas mais bem acomodadas, sendo ainda o maior da Argentina.

No início, o River teve outro estádio, se é que poderia ter essa classificação. Era pequeno, no bairro de La Boca, como os demais no início do século XX. Posteriormente, mudou para Sarandi, em 1912, antes de voltar para as suas origens três anos mais tarde. O terreno, como explica o site do clube, era arrendado e, na década de 1920, o River precisou partir definitivamente de La Boca, que seria eternamente associada a seu maior rival.

A próxima parada do River Plate foi o bairro de Palermo, um dos mais sofisticados de Buenos Aires. Naturalmente, a frequência e o perfil dos torcedores começou a mudar. O estádio era razoavelmente grande para os padrões da época, tendo arquibancadas dos dois lados do campo.

Nos anos 1930, os dirigentes do River decidiram construir um estádio ainda maior e adquiriram um terreno em Belgrano, em uma área aterrada do rio da Prata. Houve grande oposição na época, porque a nova sede ficaria distante e ainda em uma região de brejo. Ironicamente, no Brasil, essa mesma crítica foi feita a clubes que decidiram se estabelecer ao redor de rios, como Hebraica, Pinheiros, Corinthians, Tietê e Espéria. Mais interessante, o São Paulo, por sua vez, também decidiu construir o seu estádio no Morumbi em uma época em que o bairro, hoje um dos mais caros da capital paulista, era praticamente isolado.

Depois de dois anos de construção, embora ainda sem todo o seu anel de arquibancadas completado, o Monumental foi inaugurado em uma partida do River Plate contra o Peñarol do Uruguai. A conclusão do estádio demorou mais 20 anos, até 1968, devido à falta de recursos.

Além do futebol, o Monumental é o lugar escolhido para os shows de estrelas estrangeiras, incluindo Madonna, Michael Jackson, The Rolling Stones, Paul McCartney e Bob Dylan.

OS OUTROS ESTÁDIOS ARGENTINOS

Se Boca e River, hoje, mantêm suas casas distantes, a segunda maior rivalidade da Argentina está a um quarteirão de distância. Como vimos, os estádios do Racing e do Independiente são vizinhos em Avellaneda. O maior dos dois é o gigantesco Juan Domingo Perón, mais conhecido como Cilindro por torcedores do Racing, com capacidade para 50 mil torcedores. Há relatos de que mais de

100 mil já teriam ido a jogos do Racing nos anos 1960 (125 mil na final da Libertadores de 1967) e torcedores mais fanáticos insistem ser esse estádio maior do que o Monumental, com a vantagem de ter sido o primeiro com as arquibancadas cobertas.

O Cilindro foi construído nos anos 1940 onde antes existia o estádio antigo do Racing. Uma das marcas do estádio é a arquibancada listrada em azul e branco, dando-lhe um charme especial mesmo quando não está lotada. Seria um complemento da torcida. Diferentemente do Monumental, não se trata de um estádio olímpico, embora seja circular – daí o apelido Cilindro –, e não em formato de arena. Sem pista de atletismo, os torcedores atrás dos gols ficam grudados no campo. Já no centro, há um recuo em forma de meia-lua dos dois lados, mantendo o público um pouco mais distante.

El Cilindro também se distingue de estádios como o Morumbi e o Mineirão, por ter suas arquibancadas, conhecidas como populares, mais próximas do campo. As *plateas* (numeradas) estão no anel superior. O Maracanã, antes das reformas, tinha a geral perto do gramado, com a numerada em um anel intermediário e as arquibancadas no superior.

O Independiente sempre soube que seu estádio é o menor do bairro. Mas sabe também que o estádio tem nome de Libertadores da América por ser a sede do time mais vezes campeão da América do Sul. Depois de uma reforma nos últimos anos, passou a ter capacidade para 46 mil torcedores, bem acomodados, além de telões e restaurantes modernos. De acordo com o clube, é o estádio mais moderno da Argentina – eles dizem ser também da América do Sul, mas certamente está aquém dos construídos para a Copa do Mundo no Brasil.

Carinhosamente conhecido como Doble Visera pelos torcedores, devido à arquitetura do local, o estádio Libertadores de América, (o primeiro estádio da América Latina a ser construído em cimento) passou por sucessivas reformas desde a sua inauguração, em 1926

OS *HERMANOS* E NÓS

(em 2009 foi reinaugurado, após a demolição de grande parte de sua estrutura anterior). Tem um perfil mais de arena, como a Bombonera, e não de um estádio olímpico, como o Monumental. Suas arquibancadas, pintadas de vermelho, trazem as inscrições CAI, de Club Atlético Independiente.

Outro estádio grande em Buenos Aires é o do Vélez, com o nome de Jose Amalifitani, embora seja mais conhecido como El Fortin. Com capacidade para 50 mil pessoas, foi uma das sedes da Copa do Mundo de 1978. Um orgulho, sem dúvida, para um clube de bairro que se tornou internacional ao conquistar uma Libertadores nos anos 1990. Palco de muitos shows internacionais, o estádio também já foi usado para partidas de rúgbi.

A sede do San Lorenzo é o estádio Nuevo Gasometro, fundado nos anos 1990. Tem o nome de novo porque existe o Viejo Gasometro (ou El Gasometro, antes da construção do novo), antigo estádio do clube, fechado em 1979 – hoje funciona um supermercado no terreno do estádio demolido. Já o Nuevo Gasometro, onde o papa Francisco assistiria a um jogo se fosse ver seu time, tem as arquibancadas pintadas nas cores azul e vermelha. Embora seja o mais recente dos estádios portenhos, não é o mais moderno.

O estádio Tomás Adolfo Ducó, mais conhecido como El Palacio, do Huracán, fica em um bairro mais pobre de Buenos Aires, Parque Patricios, e tem mais ou menos a capacidade do Nuevo Gasometro, do San Lorenzo, abrigando cerca de 40 mil torcedores. Este estádio foi imortalizado em uma cena de perseguição policial do filme argentino O *segredo dos seus olhos*, vencedor do Oscar de melhor produção estrangeira em 2011. No filme, o estádio foi apresentado como sendo do Racing, por questões de roteiro. Mas, na realidade, era o estádio do Huracán, que, por questões de licença cinematográfica, virou durante alguns minutos, no celuloide, o estádio do Racing.

128

A BOLA E SEUS TEMPLOS

Inaugurado em 1947, o estádio Tomás Adolfo Ducó do clube Huracán, tem capacidade para 50 mil pessoas e é utilizado tanto para jogos como para comícios políticos.

O FUTEBOL E O ALÉM

SUPERSTIÇÕES FUTEBOLÍSTICAS

O futebol talvez seja a atividade da humanidade que funde, em uma ação de sincretismo sem precedentes na História, Astrologia, Teologia cristã, alguns ritos pagãos esparsos, roupas de baixo, ortodoxia cromática em camisetas e gravatas, além de posicionamentos de latitude e longitude milimetricamente determinados. Os torcedores, em todas as partes do planeta, são capazes de realizar, sob temor de castigos celestiais (como, por exemplo, desclassificações de campeonatos ou derrotas em um mero jogo *standard*), os mais variados ritos para salvar seus respectivos times.

Na Argentina, embora exista uma religiosidade formal relativamente baixa no cotidiano, o futebol suscita uma variada ritualística por parte de jogadores, técnicos e torcedores. Um dos casos mais emblemáticos de extrema superstição é o do ex-técnico da seleção Carlos Salvador Bilardo, que, além de fazer promessas à Virgem Maria (ver "Argentina sem Copas: a maldição da Viagem de Tilcara", deste capítulo), proibiu seus jogadores de comerem frango nas concentrações, já que acreditava que isso gerava azar.

No México, quando a Argentina ainda disputava as fases iniciais da Copa de 1986, o ônibus que transportava a seleção quebrou no meio do caminho, fato que levou os jogadores a pegar vários táxis para chegar ao local do jogo. O time venceu este embate, levando Bilardo a acreditar que os táxis haviam dado boa sorte. Por esse motivo, o time usou os táxis como meio de transporte na maior parte do tempo da Copa. Bilardo também acreditava que as noivas recém-casadas propiciavam boa sorte. Por isso, em 1990, na Copa da Itália, ao ver que havia uma festa de casamento no mesmo hotel no qual se hospedava a seleção que comandava, em Turim, fez cada um dos 22 jogadores cumprimentar a noiva. No dia seguinte, 24 de junho, a Argentina venceu o Brasil no estádio Delle Alpi por 1 a 0 graças a um gol de Caniggia no arco de Taffarel.

Diego Armando Maradona também exibiu sinais de superstição na Copa do Mundo da África do Sul em 2010, carregando constantemente um rosário nas mãos. Além disso, ordenou à família que levasse seu neto Benjamin, que estava em Madri, para o sul do continente africano, já que considerava que seu descendente daria sorte. Maradona também não usa pijama durante o período das competições, mas sim a camisa número 10 da seleção. E antes de

O FUTEBOL E O ALÉM

deitar, na África do Sul, despedia-se de cada um de seus jogadores com um beijo na bochecha.

Outro técnico da seleção, César Luis Menotti, exibia sempre a mesma gravata durante os jogos da Copa de 1978 na Argentina. O técnico Reinaldo "Mostaza" Merlo – que comandou vários times na Argentina, entres os quais o Racing – costumava fazer um gesto de chifrinhos com os dedos da mão cada vez que o time rival atacava. Merlo também acreditava que as flores davam azar. Por esse motivo, em diversas ocasiões, a torcida inimiga jogava ramalhetes de flores no campo, para desespero de Merlo.

Os jogadores possuem um grande repertório de superstições. Um dos mais famosos – e mais escatológicos – na Argentina é o do goleiro Sergio Goycochea, que urinava no exato centro dos campos de futebol. O motivo: já que não podia abandonar o campo até concluir o jogo, durante um embate contra a Iugoslávia ele teve que recorrer ao gramado como involuntário toalete. A Argentina venceu aquele jogo, fato que levou Goycochea a deduzir que o esvaziamento de sua bexiga havia sido crucial na vitória, por efeitos esotéricos colaterais. Dessa forma, continuou urinando nos jogos seguintes. Mas, para não ser visto pelo público que observava das arquibancadas, Goycochea ia até o centro do campo acompanhado por outros jogadores, que o rodeavam para que o goleiro pudesse disparar seu jato líquido sobre o gramado.

Os torcedores também têm um arsenal de superstições. Uma delas, em 2010, foi a de deduzir que, se a Copa do México havia sido vencida pela Argentina quando Maradona usava o cabelo encaracolado, a saída seria obrigar Lionel Messi a usar um formato capilar similar na Copa da África do Sul. Para isso, milhares de internautas tentaram convencer o jogador por intermédio de uma campanha, a "uma permanente para Messi". No entanto, Messi continuou usando seu cabelo liso.

Os argentinos apropriaram-se do termo judaico *qabbalah* (escola do pensamento esotérico do judaísmo para analisar o simbolismo mais recôndito da Torá) e o transformaram em *cábala* para designar, de forma muito genérica, qualquer ação supersticiosa feita com o intuito de propiciar boa sorte para si próprio. Exemplo: "Minha *cábala* de Réveillon é usar camisas brancas". Geralmente, no âmbito futebolístico, os torcedores concentram sua ritualística de *cábalas* nos seguintes âmbitos: religioso – fazer promessas a Deus, santos e virgens; vestimenta – colocar sempre a mesma camisa da seleção argentina (ou qualquer outra camiseta ou camisa... em alguns casos, até sem lavá-la, para não diluir seus *poderes mágicos*); alimentício – ingerir o mesmo cardápio que "deu sorte" em outras ocasiões (raviólis, nhoques, churrasco etc.); localização – assistir aos jogos sentado no mesmo ambiente da casa em que assistiu ao jogo (ou Copa) anterior, de preferência no mesmo sofá ou cadeira. Em alguns casos, na Argentina, os torcedores assistem ao jogo de costas para a TV, somente ouvindo o relato dos locutores esportivos. Em outros, a família do torcedor deve sentar de forma estritamente ordenada no sofá, seguindo com ortodoxia uma sequência. Por exemplo: sentados da direita para a esquerda de acordo com as idades. Em outras ainda todas as opções anteriores são misturadas: rezar à Virgem, colocar a mesma suada camisa dos jogos prévios, sentar de costas para a TV na sala da mesma casa e comer os raviólis de ricota com molho de tomate... com um número específico de colheradas de queijo ralado.

Evidentemente, como o mundo das superstições é dinâmico, surgem novos ritos a cada ano ou a cada Copa do Mundo. Novas superstições substituem as antigas. Ou, mais provavelmente, as novas somam-se às antigas.

E as superstições permanecem, mesmo com a constatação de que a sequência realizada por Juan Pérez em sua casa no bairro de Almagro, com a camisa azul, sentado em sua cadeira enquanto assistia ao jogo, com a barba por fazer, não conseguiu obter uma determinada vitória no jogo. A explicação, ironiza Luis Garcia Fanlo, professor de Ciências Sociais da Universidade de Buenos Aires, é o fato de o torcedor acreditar que, se seu time perdeu, é porque ele – e não os jogadores ou o técnico – fez algo errado com a *cábala*.

O escritor Rodolfo Braceli, autor de *De futebol somos*, indica que as superstições, para aquele que as pratica, são "uma espécie de suborno com o além". Segundo ele, é a esperança de contar com um "*doping* celestial".

ARGENTINA SEM COPAS:
A MALDIÇÃO DA VIRGEM DE TILCARA

Um imbróglio teológico-futebolístico volta à tona na Argentina na véspera de cada Copa do Mundo realizada posteriormente ao campeonato mundial do México de 1986. O pivô desse debate é a Virgem de Copacabana del Abra de Punta del Corral, mais conhecida como a Virgem de Tilcara, vilarejo encravado no sopé da cordilheira dos Andes, na província de Jujuy, no noroeste da Argentina. Ali – e também em diversas partes do país – torcedores alertam para a "maldição celestial" que paira sobre a seleção.

Esse peculiar enredo começou em 1986, quando a seleção argentina preparava-se para ir à Copa do México. Na época, o então técnico Bilardo levou 14 jogadores (entre eles, Diego Armando Maradona) para treinar em um lugar de elevada altitude com o objetivo de adaptarem-se às altitudes mexicanas. O local escolhido foi Tilcara.

Após dias de treino, Bilardo – acompanhado de diversos jogadores – foi até a pequena igreja local, a Senhora do Rosário, construída em 1865, para prometer à Virgem que, se a Argentina ganhasse a Copa, voltaria a Tilcara em peregrinação. Ajoelhados na frente do altar, Bilardo e os jogadores juraram que levariam o troféu da Fifa para a Virgem.

Poucos meses depois, no México, parcialmente graças à "mão de Deus", a Argentina venceu a Copa. No entanto, a seleção jamais retornou para pagar a promessa. Desde então, coincidentemente – ou como dizem no mundo hispânico, para referir-se às forças não terrenas: *"no creo en las brujas, pero que existen, existen"* (não acredito em bruxas, mas que elas existem, existem) – a seleção nunca mais venceu uma Copa do Mundo.

Os tilcarenses sustentam que, enquanto a promessa não for paga, a maldição da Virgem permanecerá, impedindo que a Argentina chegue à final de uma Copa e ganhe. Segundo os habitantes locais, de nada serve a habilidade de Lionel Messi ou a garra de Carlos Tevez. Eles afirmam que a Virgem Maria, ofendida com o desplante da seleção de 1986, não quer que a Argentina vença a Copa.

Em 2010, pouco antes da Copa do Mundo da África do Sul, um grupo de angustiados torcedores argentinos tentou convencer o então técnico da seleção, Diego Armando Maradona, e os jogadores a ir até Tilcara e – de alguma forma, mesmo sem o troféu – pagar a promessa. Preocupados, criaram um site na internet, o www.cumplamoslapromesa. com.ar, que deslanchou uma campanha de pagamento da promessa de Tilcara, com milhares de simpatizantes. O próprio genro de Maradona, o jogador Sergio "El Kun" Agüero – da seleção de 2010 – aderiu à causa.

No entanto, Maradona partiu do país sem pagar a promessa. Dias antes de embarcar, em declarações à *Rádio Metro*, o técnico fez outro tipo de promessa: "Se a Argentina vencer a Copa, fico en bolas [ficar nu] e corro ao redor do Obelisco [o monumento símbolo de Buenos Aires]". A nudez de El Diez não foi necessária, já que a seleção argentina retornou derrotada.

No vilarejo – que todo ano realiza uma peregrinação que reúne 10 mil pessoas da região – os fiéis sustentam que pessoa alguma poderia realizar tal desfeita à Virgem e não ser punida. Por esse motivo, segundo a lenda, a Argentina – a partir daí amaldiçoada – nunca mais conseguiu vencer uma Copa. Para desfazer o mal-entendido com os céus, a seleção deveria retornar a Tilcara e pagar a promessa. Só assim, reconciliada com a Virgem, a Argentina poderia aspirar a vencer outra Copa no futuro.

Em maio de 2011, para tentar desfazer o mal-entendido com os poderes celestiais, de olho – com antecedência – na Copa do Mundo do Brasil, em 2014, o então técnico Sergio Batista, acompanhado por seu ajudante José Luis Brown, foi a Tilcara. Ambos, ex-integrantes da seleção de 1986, agradeceram à Virgem pela vitória conquistada há um quarto de século nos estádios mexicanos.

Dúvidas teológicas

No entanto, nesse ponto da negociação celestial dos argentinos, surgem algumas questões teológicas sobre o *modus operandi* para pagar a promessa feita. Quem deveria ir a Tilcara? A atual seleção ou a de 1986? Seria necessário levar o troféu até lá? Ou bastaria fazer a peregrinação? Os jogadores deveriam ir todos juntos? Ou poderiam cumprir a jornada em etapas? Existem juros celestiais pelas décadas de atraso para pagar a promessa?

Em 2006, antes da Copa da Alemanha, o presidente da Associação de Futebol da Argentina (AFA), Julio Grondona, enviou a Tilcara uma delegação para oferecer à Virgem uma camisa da seleção e uma réplica do troféu da Copa de 1986. No entanto, o padre Ernesto Vilte, da paróquia do vilarejo, deixou claro na época que a oferta do produto têxtil e do *ersatz* de troféu de nada servia: "A promessa foi a de que viriam o técnico e os jogadores da seleção de 1986".

O pagamento da promessa, portanto, implicaria em uma colossal mobilização, além de vencer vários obstáculos burocráticos, já que para transportar a taça até Tilcara seria necessária a autorização do país que tem a posse temporária da copa e uma permissão especial da Fifa.

SÍNDROME DE MENEM

Em 2010, a presidente Cristina Kirchner, os ministros de seu gabinete e os principais líderes da oposição no Parlamento argentino optaram por não colocar seus pés na África do Sul nas primeiras fases da Copa do Mundo. Por trás dessa decisão, afirmaram analistas políticos na época, estava a "síndrome de Menem", alusão à fama de pé-frio do ex-presidente Carlos Menem (1989-99), que viajou à Itália em 1990 para presenciar o jogo de abertura da Copa, no qual a Argentina – considerada a favorita na época – enfrentava a seleção de Camarões no estádio Giuseppe Meazza de Milão.

O jogo terminou com a derrota argentina por 1 a 0 (gol feito 5 minutos antes do encerramento do jogo). Na ocasião, a fama de Menem como fonte de azar espalhou-se na opinião pública a tal ponto que o presidente não compareceu à final dessa Copa, na qual a Argentina confrontou-se com a Alemanha. Em seu lugar, o presidente enviou seu irmão, o senador Eduardo Menem. O resultado estendeu a fama de pé-frio à toda a família Menem: Alemanha campeã mundial, Argentina vice.

Por isso, nas últimas décadas, por via das dúvidas, nenhum presidente argentino jamais voltou a estar fisicamente presente em um jogo da Argentina em uma Copa.

MARADONIANOS CELEBRAM NATAL EM OUTUBRO

"Tooootaaa!" Essa é a palavra que – como cântico religioso – encerra os ritos da Igreja Maradoniana, culto dedicado à adoração do ex-astro de futebol argentino Diego Armando Maradona, popularmente chamado de Dios (Deus). E o "Tooootaaa", a modo de mantra, refere-se à dona Tota, a mãe do ex-jogador, que, para os maradonianos é uma espécie de Virgem Maria esportiva.

O FUTEBOL E O ALÉM

Os fiéis também celebram o Natal maradoniano, pois é o aniversário de Dios, nascido no dia 30 de outubro de 1960.

O bem-humorado rito foi criado em 1998, na cidade de Rosário, província de Santa Fé. Desde sua fundação, aglutinou um crescente número de fiéis. No site da igreja existem mais de 100 mil pessoas de 74 países registradas como maradonianas.

A Igreja Maradoniana realiza com alguma frequência um batismo coletivo. O rito consiste em pular e, com o punho esquerdo, imitar o emblemático gol realizado contra a Inglaterra em 1986, conhecido como "a mão de Deus". Os batizados devem realizar esse gesto na frente de uma figura em tamanho natural – em cartolina – do goleiro inglês Peter Shilton, que levou o polêmico gol de Maradona. A

Altar da Igreja Maradoniana, paródia de culto religioso criada por ultrafanáticos, reverencia Maradona como *Dios* futebolístico.

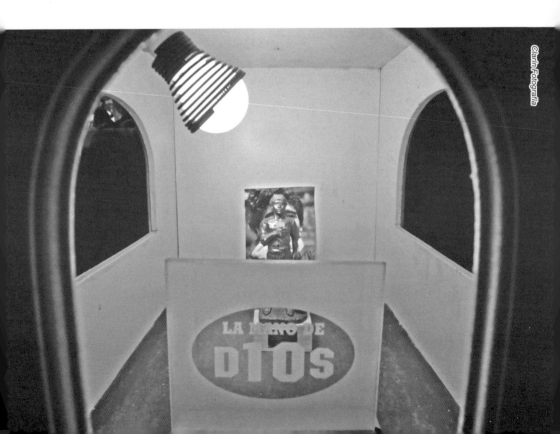

Igreja Maradoniana também realiza casamentos. Nos últimos anos, diversas uniões foram feitas seguindo o rito.

No entanto, desde que deixou de ser apenas ex-jogador e transformou-se em técnico, Maradona perdeu grande parte da divindade que tinha. Além de ser chamado de incoerente, improvisado e incapaz pelos analistas esportivos e pela torcida, os próprios maradonianos começaram a afastar-se dele. A Igreja Maradoniana, desde 2010, está com divisões teológicas profundas. Um setor permanece fiel ao Maradona atual. Mas outro setor afirma que o Maradona que idolatra é o Maradona dos tempos de jogador. O Maradona-técnico não mereceria – segundo os fiéis dissidentes – ser o foco da idolatria.

O PAPA "CORVO": DE SAN LORENZO A SÃO PEDRO

Nunca antes na história do cristianismo a Igreja Católica teve um papa tão engajado nas atividades futebolísticas como Francisco. Desde que foi entronizado como sumo pontífice em março de 2013, o cardeal Jorge Bergoglio, um portenho do bairro de Flores, deixou claro ao mundo sua paixão por esse esporte, do qual é declarado fã desde criança.

Em abril daquele ano, o Santo Padre recebeu com exultante alegria, na praça de São Pedro, uma camisa de seu time, o San Lorenzo. Em maio, na mesma praça rodeada pela colunata de Bernini, ironizou os torcedores do Boca Juniors, recordando a vitória do San Lorenzo sobre o time em meados daquele mês, fazendo um gesto: com uma mão exibia três dedos, enquanto que a outra mostrava um círculo com o dedão e o índice. Três a zero.

Em Buenos Aires, os *cuervos* (corvos, denominação dos torcedores do San Lorenzo) não dão importância ao título de "o

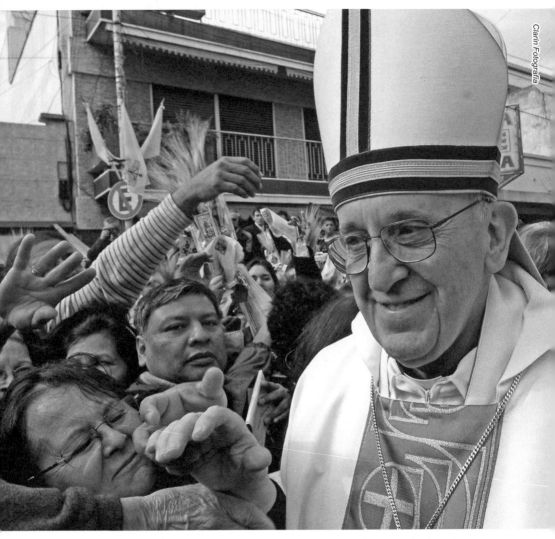

Jorge Bergoglio quando era cardeal em Buenos Aires, antes de ser entronizado como papa Francisco em março de 2013. O sumo pontífice é fervoroso torcedor do San Lorenzo, time fundado no início do século XX por um padre católico.

primeiro papa argentino". Nem sequer o consideram "o primeiro papa das Américas". Muito menos especulam chamá-lo de "o primeiro papa jesuíta". Para eles é "o primeiro torcedor do San Lorenzo que chegou ao Vaticano".

Semanas após ser eleito sumo pontífice, mandou buscar um objeto que guardava em seu modesto apartamento na cúria portenha, que demonstra seu vínculo com o time: uma tábua das arquibancadas do Viejo Gasómetro (o antigo estádio do San Lorenzo) que ele guarda desde os anos 1980 como relíquia esportiva. Dono da carteira de sócio número 88235N-0 desde o ano 2008, o papa Francisco recebeu, em agosto de 2013, um carnê atualizado das mãos de Marcelo Tinelli, apresentador de TV e vice-presidente do San Lorenzo. Tinelli ressaltou que o papa paga – com débito automático – sua mensalidade. "Paga todos os meses. Religiosamente!", explicou Tinelli.

PAPAS TORCEDORES

Entre os antecessores de Francisco, o papa Bento XVI era torcedor do Bayern, mas de forma muito discreta (isso só veio à tona na época em que renunciou). O papa João Paulo II havia sido goleiro amador na juventude, nos anos 1930, antes de ser sacerdote. O pontífice polonês, que era torcedor do KS Cracovia, criticava com intensidade a violência no futebol.

Com frequência o sumo pontífice polonês citava de forma crítica um evento conhecido como "guerra do futebol", ocorrido em 1969 entre El Salvador e Honduras, cujo estopim foi um jogo entre times de ambos os lados da fronteira, que potencializou os problemas territoriais entre os dois países.

No entanto, embora condenasse a violência, João Paulo II apreciava um futebol jogado com intensidade. Isso ficou evidente no Jubileu, no ano 2000, quando o Vaticano organizou um amistoso no estádio olímpico de Roma entre a seleção italiana e um grupo que reunia jogadores do resto do mundo. Os jogadores protagonizaram um embate pasteurizado, com passes suaves, de forma a não irritar o Santo Padre.

O então embaixador da Colômbia na Santa Sé, Guillermo León Escobar, comentou que o jogo, que terminou sem gols, foi um tédio para João Paulo II, que acabou pegando no sono. Ao acordar, o pontífice comentou com ironia que o jogo havia sido muito suave: "Isto não foi um jogo... foi um balé!".

O FUTEBOL E A DITADURA MILITAR

A COPA DE 1978: FRENESI E TERROR

O ano de 1978 foi exuberante para a ditadura militar que governava a Argentina havia dois anos (e ainda controlaria o país por outros cinco adicionais). O país, em plena ciranda financeira, com dezenas de milhares de turistas argentinos dizendo *"deme dos"* (me dê dois) nas lojas no exterior, ufanava-se de contar com uma Miss Mundo, Silvana Suárez, eleita naquele ano, alardeava o desempenho brilhante do tenista Guillermo Villas nas quadras – e como *latin lover* (pelo romance com a bela princesa Caroline de Mônaco) –, enquanto o piloto Carlos Reutemann exibia uma performance de alto nível nas pistas da Fórmula 1.

Como se fosse pouco, a Argentina ainda fazia pose de potência militar regional ao começar a desafiar o Chile a uma guerra pela disputa do canal de Beagle, no extremo sul do continente. De quebra, no mesmo ano, o país hospedava a Copa do Mundo de futebol. E, além de ser a anfitriã, arrebatava a taça.

Mas, ao mesmo tempo, o país acumulava mais de 20 mil desaparecidos políticos (seriam 30 mil até o fim da ditadura, segundo os organismos de defesa dos direitos humanos), entre eles, idosos e crianças. Mais de 500 centros de detenção e tortura espalhavam-se por todo o território argentino. As notícias sobre a inflação crescente, o estancamento industrial, a fragilidade do sistema financeiro e o festival de gastos estatais – além dos megaescândalos de corrupção – eram censuradas pelo regime. O país – tal como ocorreria anos depois durante a Guerra das Malvinas (1982) – estava ofuscado pelos triunfos de seus jogadores.

Quem explica essa situação é o jornalista Pablo Llonto, durante um café com os autores. Autor do livro *La verguenza de todos* (A vergonha de todos) – no qual disseca o comportamento passivo da população perante a ditadura e a euforia que tomou conta dos argentinos pela Copa, enquanto pessoas estavam sendo torturadas – o jornalista diz:

> A Copa de 1978 é o primeiro símbolo de aprovação em massa da ditadura. O general Jorge Rafael Videla, ditador na época, foi seis vezes aplaudido pela multidão em estádios repletos. O gasto desvairado na organização da Copa não foi questionado. As denúncias dos exilados e parentes dos desaparecidos foram encaradas como expressões de antipatriotismo.

O FUTEBOL E A DITADURA MILITAR

O ditador Jorge Rafael Videla entrega a Daniel Passarela, capitão da seleção campeã, a copa da Fifa, no estádio Monumental de Núñez, em 1978.

"A Copa de 1978 na Argentina é comparável à de 1934 em Roma, sob o regime fascista de Benito Mussolini", disse – em outro café, na Confeitaria Las Violetas – o colunista esportivo Ricardo Gotta, autor do livro *Fuimos campeones* (Fomos campeões), que analisa o polêmico jogo Peru *versus* Argentina, que permitiu a chegada dos anfitriões à final do campeonato.

Com a conquista da Copa do Mundo, o general Jorge Rafael Videla – ditador e líder da Junta Militar que governava o país com mão de ferro – estava em seu ponto de máximo poder. No dia seguinte à final, uma multidão o ovacionou na praça de Maio, homenagem praticamente reservada até então aos presidentes civis. Anos depois, o último ditador do regime, o general Reynaldo Bignone, declarou amargurado que a ditadura havia cometido um grave erro naquela ocasião, momento em que a população estava eufórica: "Se tivéssemos convocado eleições naquela hora, teríamos vencido".

Durante o ano de 1978, a censura – aplicada a todos os outros âmbitos do jornalismo desde o golpe de 1976 – também começou a ser imposta aos colunistas esportivos. Além disso, as críticas à seleção estavam categoricamente proibidas. Expressar um mero "porém" à seleção comandada pelo técnico César Menotti implicava em um desaparecimento assegurado do jornalista e seu envio a um centro de torturas.

Direitos e humanos

No mesmo instante dos jogos, em diversos campos de concentração, os atarefados torturadores ouviam os gols com um radinho de pilha enquanto aplicavam choques elétricos nos prisioneiros. A grande maioria dos argentinos não se preocupou com os rumores que corriam naqueles dias sobre *los desaparecidos* (os desaparecidos). Eles queriam *ganar el Mundial* (ganhar a Copa). Para explicar o sumiço de milhares de civis, envolvidos ou não em atividades políticas, a população usava a frase *"por algo será"*.

Além das negociatas na reciclagem de estádios e na preparação do evento, a Copa de 1978 foi também a grande chance para o regime tentar "limpar" sua imagem no exterior. Diversos historiadores e sociólogos comparam a propaganda do regime totalitário durante a Copa da Argentina com a da Olimpíada de 1936, realizadas em Berlim por Adolf Hitler. A ditadura distribuiu centenas de milhares de adesivos com os dizeres *"los argentinos somos derechos y humanos"* (nós, argentinos, somos direitos e humanos), um trocadilho para indicar que os direitos humanos estavam supostamente sendo respeitados no país.

O regime militar sentiu-se mais respaldado ainda quando o secretário de Estado dos EUA, Henry Kissinger, notório fanático do futebol, desembarcou em Buenos Aires para ver os jogos de perto.

O nacionalismo tomava conta dos argentinos. Diversos comentaristas esportivos chegavam a dizer que o futebol não era uma criação britânica; mas, sim, um esporte surgido entre os índios do pampa argentino. Vencer a Copa era defender a honra nacional. Quem pensava o contrário deveria ser um "subversivo".

A realização da Copa na Argentina ditatorial suscitou manifestações em vários países, especialmente na Europa, onde organizações de defesa dos direitos humanos tentaram boicotar a realização do evento esportivo, sem sucesso. Em maio de 1977, 3 mil pessoas marcharam em Paris, lideradas por intelectuais como Jean-Paul Sartre e Roland Barthes, para pedir o boicote à Copa.

Mas, a Fifa não estava incomodada com os generais. Dois dias após o golpe de 24 de março de 1976, uma missão da organização comandada pelo alemão Hermann Neuberg, ex-integrante das ss (a Schutzstafell, força militar paralela ao Exército alemão, que durante o Terceiro Reich controlou os campos de concentração), desembarcou em Buenos Aires. Categórico, Neuberg afirmou: "A mudança de governo não tem nada a ver com a Copa. Somos pessoas de futebol, e não políticos".

Atualmente, a lembrança daquela vitória tem um sabor amargo entre os argentinos, que preferem recordar a conquista da Copa de 1986. Aqueles que estiveram envolvidos direta ou indiretamente na Copa da Argentina tentam se desculpar e não querem ser rotulados de "colaboracionistas". Esse é o caso do técnico de 1978, César Luis Menotti, que afirma que quando entra em um campo de futebol somente pensa "no que acontece ali". "Não o associo [à repressão] de forma alguma". Segundo o técnico, que era militante do Partido Comunista, "a luta contra a ditadura deveria ser preparada em outro lugar, e não na seleção de futebol".

Um de seus jogadores, Oscar Ortiz, 25 anos depois afirmou que pensava de outra forma:

> Eu teria dado a Copa de presente, em troca de não ter a ditadura. Mas tem que ficar claro que o que aconteceu durante a ditadura não foi culpa nossa. Nós jogamos um torneio de futebol. Ainda me dói o fato de que nosso povo saiu às ruas por um campeonato de futebol e que não tenha ido às ruas por outras coisas graves que estavam acontecendo na época.

Brasileiro vivo em troca da Copa

Llonto afirma que a Argentina, cuja candidatura para ser a sede da Copa havia sido aprovada em 1974, estava com problemas para obter a confirmação da Fifa em 1977. As obras para albergar o evento esportivo atrasaram e existiam questionamentos internacionais pelas violações aos direitos humanos.

> Mas a confirmação foi conseguida graças a um favor mútuo entre Videla e o presidente das Fifa na época, João Havelange, que pediu ao ditador que intercedesse pelo brasileiro Paulo Paranaguá, filho de uma importante família de São Paulo, militante na Argentina de um partido de esquerda, o PRT, que havia sido detido e colocado em um centro de torturas. Videla permitiu que Paranaguá deixasse o país rumo à França. Em troca, conseguiu que Havelange respaldasse a confirmação da Argentina como sede da Copa.

Um ano depois, na cerimônia de abertura da Copa, ao som de uma marcha militar, Videla condecorou Havelange no estádio Monumental de Núñez. A dez quarteirões dali, estava em pleno funcionamento o maior centro de torturas do regime, a Escola de Mecânica da Armada (ESMA). De noite, sobre o rio da Prata, quase ao lado do estádio, os militares realizavam os "voos da morte" (nos quais prisioneiros eram jogados vivos de aviões para o fundo do rio).

Dez vezes mais

"Custará somente 70 milhões de dólares", prometeu o almirante Emilio Massera ao general Videla sobre a construção e remodelação de estádios, entre outros gastos da Copa. Mas o custo final do evento foi de 700 milhões de dólares (a Espanha, em 1982, gastaria 517 milhões de dólares). Os gastos foram criticados como "excessivos" pelo secretário da Fazenda, Juan Alemann, um economista conservador de prestígio.

Como represália por suas declarações, segundos depois de a seleção argentina fazer o quarto gol contra o Peru (um jogo que definiria a ida do país à final da Copa), uma bomba explodiu na frente da casa de Alemann. A explicação oficial sobre o atentado foi a de que havia sido obra de "subversivos de esquerda". Alemann nunca acreditou nessa versão.

A violência entre integrantes do próprio regime militar por divergências sobre a organização da Copa e pela disputa dos fundos foi frequente. O general Omar Actis, que presidia a entidade que organizaria a Copa, desejava um evento austero, de baixo custo. O almirante Carlos Lacoste, vice-presidente da entidade, era partidário de uma Copa exuberante, com novos estádios e um canal de TV para transmitir a cores, novo em folha.

As diferenças foram dissolvidas com o assassinato de Actis, cuja morte foi atribuída a grupos guerrilheiros (que na realidade já haviam sido dizimados). Seu substituto, o general Antonio Merlo, não se opôs ao aumento sideral de gastos desejado por Lacoste. Posteriormente, o almirante foi assessor de finanças e vice-presidente da Fifa.

Torcer ou não torcer

Para milhares de argentinos, a Copa de 1978 foi fonte de dilemas morais. Por um lado, eram fanáticos do futebol. Durante anos haviam ficado à espera de uma vitória em uma Copa, sem sucesso (o ponto culminante, até a época, havia sido o vice-campeonato em 1930, durante a Copa do Uruguai, a primeira da história). Por outro, sabiam que uma eventual vitória durante o regime militar – mais ainda se fosse em território nacional – teria um efeito de *panis et circenses* (pão e circo) que reforçaria o poder da cruel ditadura a governar o país.

Grupos de esquerda, exilados e setores da população que sofriam com a ditadura estavam divididos sobre torcer a favor ou contra a seleção. Nas intensas discussões, uns setores alegavam que a vitória da seleção favoreceria a ditadura. Outros não pretendiam deixar de lado o "patriotismo esportivo" e argumentavam que política e esportes não estavam misturados e, portanto, torcer pela seleção não equivalia a respaldar os militares. O debate até confrontou a cúpula dos Montoneros (movimento cristão-nacionalista), que finalmente decidiram "aproveitar" a Copa, argumentando que poderia ser usada para denunciar ao mundo e ao país os crimes contra a humanidade que ocorriam na Argentina.

O jornalista e escritor Carlos Ulanovsky, que na época da Copa estava exilado no México, explicou, anos mais tarde, durante uma conversa em sua casa no bairro da Recoleta, que sentiu uma "angústia enorme" ao ver que "um triunfo da seleção ajudaria a ditadura a se perpetuar mais anos no poder". No entanto, afirmou: "Ao mesmo tempo, eu queria a festa esportiva e popular que ocorreria graças à vitória. Esses sentimentos eram uma agonia".

Ulanovsky disse que o dilema atingia também o comitê mexicano de solidariedade aos exilados argentinos, já que seu lema era "*Videla al paredón, Argentina campeón*". Segundo o escritor, o grupo de amigos que saiu pelas ruas da Cidade do México para comemorar a vitória esportiva havia decidido "adiar por umas horas a luta pelo fim da ditadura".

"Eu não conhecia todos os detalhes da repressão, mas tinha algum panorama do que estava acontecendo, até porque tenho um primo desaparecido", disse, poucos meses antes de falecer em 2007, um dos cartunistas mais famosos do país, Roberto Fontanarrosa, que também é autor de diversos livros sobre os times argentinos.

Fontanarrosa nos explicou que as lembranças da Copa de 1978 são "controvertidas":

> Entendo como absolutamente legítima a festividade do povo, já que a cultura de futebol, como no Brasil, é muito anterior às ditaduras. E há algo relacionado com o orgulho do país que legitima a festa. Além disso, havia uma necessidade no povo de festejar alguma coisa, já que eram épocas duras.

As famílias dos desaparecidos também estavam divididas. Esse era o caso de Hebe de Bonafini, que pouco depois se tornaria líder das Mães da Praça de Maio. Ela confessa, com dor, que, enquanto torcia na cozinha para que a Argentina perdesse para a Holanda, seu próprio marido celebrava na sala cada gol. O casal tinha um filho desaparecido, cujo corpo não foi localizado até hoje.

Naquela madrugada, enquanto os argentinos começavam sua ressaca, uma jovem de nome Laura entrava em trabalho de parto. Seu filho, Guido, nasceu poucas horas depois. Sua avó nunca o viu. Ela é Estela De Carlotto, líder da organização Avós da Praça de Maio. Até hoje, o paradeiro de Guido é desconhecido. Ele é um dos 500 bebês sequestrados durante a ditadura.

Llonto considera que "seria um grande gesto devolver à Fifa a Copa de 1978. Seria um gesto simbólico de uma sociedade que começa a entender que essas coisas não podem ocorrer nunca mais".

Poucos anos depois, milhares de argentinos com sentimentos contra a ditadura, especialmente os exilados, seriam atingidos por um novo dilema: a Guerra das Malvinas (1982). Nacionalistas consideravam que as Malvinas, ocupadas pelos britânicos desde 1833, eram território argentino e celebraram a reconquista do gélido arquipélago. Poucos admitiam a si próprios que, de forma muito mais intensa do que com a Copa de 1978, uma eventual vitória – dessa vez na área bélica contra a Grã-Bretanha – reforçaria o poder da ditadura a níveis nunca antes vistos.

"Se eles ganham, nós perdemos"

Graciela Daleo, catedrática de Direitos Humanos da Universidade de Buenos Aires, é uma das sobreviventes do pior centro de detenção e tortura da última ditadura militar, a ESMA, situada a apenas dez quarteirões do estádio Monumental de Núñez, onde foi realizada a final da Copa. Os prisioneiros puderam ouvir os gritos dos gols das suas celas. Nas arquibancadas do estádio, poucos imaginavam que a mil metros dali funcionava o mais tenebroso centro de tortura do regime. Na ESMA estiveram presas 5 mil pessoas. Somente 140 sobreviveram.

Meses antes da Copa, recém-saída da adolescência, Daleo militava no movimento cristão-nacionalista Montoneros, dizimado pelo regime militar. Detida pelos militares em uma *blitz*, ela foi levada para o centro de tortura.

Na ESMA, os oficiais da aristocrática Marinha argentina tinham um comportamento esquizofrênico com grande parte dos prisioneiros. Com frequência, os oficiais retiravam o desaparecido de uma sessão de tortura para levá-lo a tomar um cafezinho em um tranquilo bar e conversar sobre política ou futebol. O atônito prisioneiro também poderia ser levado à casa de sua própria família – que nada sabia sobre seu paradeiro ou sequer se continuava vivo – para almoçar (em companhia de seu torturador) os tradicionais raviólis do domingo.

Depois do breve "passeio", os repressores levavam o detido de novo para dentro da ESMA, em muitas das vezes, para novas sessões de tortura. "Era o exercício permanente da humilhação, do sadismo", explica Daleo.

Essa esquizofrenia ficou evidente em 25 de julho de 1978. Nesse dia, logo após o fim do jogo Argentina x Holanda, Daleo viu da sua fétida cela um dos mais famosos repressores, o capitão Jorge *El Tigre* Acosta, entrar na sala onde estavam vários prisioneiros, gritando exultante: "Ganhamos, ganhamos!".

Nessa hora, segundo Daleo, "pensei que se eles ganharam, nós perdemos". Ela sustenta que: "Não há nenhum verbo que possa conjugar para fazer uma frase que explique o que senti. Desde aquele momento não quero saber nada, absolutamente nada, das Copas do Mundo".

Pouco depois, um guarda entrou e disse a Daleo e a outra prisioneira que se preparassem para sair. Sem explicações, deram-lhes uma bolsa com maquiagem e roupa e ordenaram-lhes que se vestissem e arrumassem. Depois, foram colocadas dentro de um carro com outros oficiais. "Nos levaram pelas ruas. Milhares de pessoas saíam de suas casas dançando e gritando de alegria. Sempre tinha sonhado com essas multidões, mas celebrando uma revolução socialista, não uma vitória na Copa", explica.

Nesse instante, pediu para olhar pelo teto solar do carro. Os oficiais permitiram. Daleo, vendo as multidões pelas ruas e avenidas, começou a chorar.

> Percebi que era como uma pessoa invisível. Se começasse a gritar que era uma desaparecida, quem ia dar bola para mim? Eu era como uma pedra jogada em um lago. Primeiro faz ondas, depois é a calma total. A pedra está no fundo, mas ninguém sabe.

Depois do passeio, os repressores a levaram a uma churrascaria no bairro de Belgrano, abarrotada de pessoas cantando os *jingles* da Copa. No meio do jantar, ela pediu licença para ir ao banheiro. Ali dentro, ficou parada, na frente da pia, como em estado hipnótico. Na sequência, pegou o batom que estava dentro da bolsa e começou a escrever xingamentos contra o regime militar no espelho. Gastou quase todo o batom escrevendo as frases. Subitamente, assustou-se com a própria atitude. Teve medo que alguém entrasse e visse o que havia escrito. Guardou apressadamente o batom na bolsa e saiu do banheiro. Quando descia as escadas para o salão onde estavam os oficiais, lembrou que o batom estava reduzido ao mínimo. "Era um absurdo, mas o terror era tamanho, que tive medo que os militares percebessem isso". No fim da noite, foi colocada novamente em sua cela, dentro da ESMA. Nas ruas, os portenhos celebraram a vitória sobre a Holanda até o amanhecer.

Orgulho e vergonha

Em 1978, o ego esportivo dos argentinos estava em seu ponto culminante. Eram os anfitriões da Copa do Mundo e, ainda por cima, conquistavam a taça. Mas, três décadas depois, essa efeméride, em vez de ser recordada com exaltação, gerou uma série de entristecidas homenagens. Organismos de defesa dos direitos humanos – junto com jogadores que participaram da seleção da época – recordaram no aniversário da final entre a Argentina e a Holanda os civis mortos pela ditadura durante os dias da Copa com um jogo denominado "a outra final". O evento ocorreu no mesmo lugar da partida de 1978, no estádio Monumental de Núñez.

Mais de 30 anos depois, vários jogadores veteranos da seleção vitoriosa mostram ausência de entusiasmo ao referir-se à Copa realizada na Argentina. Ricardo Julio Villa, integrante da seleção comandada por César Menotti, em uma conferência a estudantes em 2008, relativizou a importância da Copa de 1978: "Foi a primeira Copa feita na Argentina e a primeira que os argentinos conquistaram. E, se bem que isso implique em um significado diferente, não considero que por isso seja mais importante que a Copa de 1986".

Segundo os analistas esportivos, o comentário de Villa está em sintonia com o espírito da maioria dos argentinos, que, de forma geral, preferem recordar a Copa de 1986, sem a presença da sanguinária ditadura e os jogos suspeitos (como Peru *versus* Argentina) da Copa de 1978.

Motivos não lhes faltam, já que o embate esportivo no México contou com a esperteza de Diego Armando Maradona, que, maroto, emplacou o gol denominado "a mão de Deus". De quebra, a classificação foi possível graças à vitória argentina sobre a Inglaterra, país que quatro anos antes havia derrotado a Argentina na Guerra das Malvinas.

Segundo o especialista esportivo Pablo Perantuono:

> Os jogos disputados pela Argentina no México pareciam mais batalhas épicas do que jogos de futebol. Além disso, a seleção, na Copa de 1986, mostrou melhor futebol do que na de 1978. E a seleção venceu em terreno neutro fora do país, o que dá mais valor à conquista do troféu em solo mexicano.

"Nesse caso, a glória esportiva ficou de lado", disse o colunista esportivo Ezequiel Fernández Moores, um dos mais respeitados autores de livros sobre o futebol argentino. "No 30º aniversário de 1978, [houve mais] livros e documentários na TV falando do 6 a 0 contra o Peru, de *doping* e de manipulação política", explicou.

A Copa de 1978 também foi um divisor de águas na violência e na estrutura dos cartolas do futebol local. Por um lado, a truculência do regime teve influência sobre as torcidas, consolidando o crescimento dos *barrabravas* (os *hooligans* argentinos), que nos anos seguintes à Copa começaram a desfrutar da cumplicidade das autoridades esportivas.

Além disso, meses após a final, apadrinhado pela Marinha argentina – que participava da Junta Militar –, estabeleceu-se um grupo de poder no controle da Associação de Futebol da Argentina (AFA), liderado por Julio Grondona, que há três décadas mantém-se no comando do futebol argentino. Grondona reelegeu-se ininterruptamente nove vezes desde os tempos da ditadura. Octogenário, não exibia em 2013 sinais de querer se aposentar.

Um dia *off*-Copa

O irônico escritor argentino Jorge Luis Borges (1899-1986), autor de O *Aleph* e *Ficções*, protagonizou uma peculiar rebeldia cultural em 1978, quando a Copa do Mundo estava sendo disputada em seu país.

Borges – sem interesse algum pelo futebol – decidiu pronunciar uma conferência em Buenos Aires no mesmo minuto em que a seleção argentina iniciava seu primeiro jogo (contra a seleção da Hungria). A palestra do irreverente Borges foi encarada por diversos setores como um desafio ao "patriotismo" e à própria ditadura (regime que Borges havia elogiado em seus primeiros meses, tal como o escritor Ernesto Sábato, mas o qual começou a criticar pouco depois). Grupos de fanáticos tentaram impedir a realização do evento.

O assunto da conferência borgiana em 1978: "A Imortalidade".

Peru versus Argentina:
o ditador Videla e os jogadores peruanos de cuecas

"Irmãos latino-americanos!" A voz metálica do general Jorge Rafael Videla ressoou dentro do vestiário da seleção peruana no estádio El Gigante de Arroyito, em Rosário. Era dia 21 de junho de 1978. Os jogadores estavam vestindo-se para entrar no campo em dez minutos. Alguns estavam de cuecas. "Não sabia se terminava de me vestir, o que poderia ser interpretado como falta de educação, ou se o cumprimentava seminu", relatou um dos jogadores ao colunista esportivo Ricardo Gotta.

Na sequência, Videla, explica Gotta, "que era um especialista em toda demonstração mais ou menos explícita de intimidação", discursou sobre a intensa "solidariedade" entre peruanos e argentinos.

Além da visita do homem mais poderoso da Argentina, que comandava uma sanguinária ditadura, também estava no vestiário, em silêncio, o ex-secretário de Estado dos EUA Henry Kissinger, *habitué* das Copas do Mundo. O recado estava dado. Segundo Gotta, vários jogadores sabiam que os militares argentinos poderiam assassiná-los depois do jogo, caso o Peru vencesse, e que colocariam a culpa do "atentado" em algum grupo guerrilheiro. Diversos jogadores subiram ao campo tremendo.

Para a seleção argentina o jogo era crucial, pois precisava emplacar pelo menos quatro gols no arco opositor para conseguir a classificação para a final da Copa. Para o Peru, que já estava desclassificado, o jogo era uma despedida. Quando o juiz apitou o término da partida, os argentinos tinham, além de realizado os gols necessários, também cometido outros dois adicionais.

O placar 6 a 0 gerou suspeitas mundiais. Graças a essa ampla vitória, a Argentina podia chegar à final e disputar o desejado troféu com a Holanda.

Gotta sustenta que "a ditadura precisava chegar à final. E ganhar. Senão, teria sido um fracasso não somente esportivo, mas também político. O regime precisava da imagem de um país vencedor".

Gotta duvida que o goleiro da seleção peruana, Ramón Quiroga (argentino de nascimento, mas naturalizado peruano), fosse o responsável pela derrota. "Ele defendeu muitíssimos ataques argentinos. Em torno de 13 a 15 jogadas que poderiam ter sido gol, e não foram graças à sua habilidade. Mas a presença dos argentinos perto do arco era constante", diz. "Por isso, poderia suspeitar-se mais da atitude dos defensores peruanos [Jaime Duarte, Rodolfo Manso, Roberto Rojas e Héctor Chumpitaz], que cometeram muitos erros", explica.

Os peruanos, ao voltar a seu país, foram vaiados pela população. Ao descer do avião em Lima, uma multidão jogou moedas aos jogadores.

Carlos Del Frave, pesquisador esportivo da cidade de Rosário, ressalta um depoimento do jogador peruano Juan Carlos Oblitas, no qual afirmava que "Aquele jogo não foi normal... foi esquisito". Oblitas também comentou a presença de Videla no vestiário: "Foi terrível... eu estava atrás de uma parede e ali fiquei. Não queria que isso interrompesse minha concentração".

Quiroga, apesar dos gols, manteve boa imagem entre os peruanos e, nos anos posteriores, tornou-se técnico de vários times. Em 2006, negou que ele ou seus pais (que residiam em Rosário na época do jogo, a poucos quarteirões do estádio) haviam sido ameaçados pela ditadura. Os outros jogadores peruanos não exibiram sinais de riqueza nos anos seguintes à Copa. Um deles, Manso, empobrecido, emigrou para a Itália, onde trabalhou como caminhoneiro.

"Jogo normal"

Mario *El Matador* Kempes, a personalidade da Copa do Mundo de 1978, nos disse durante uma conversa em 2008 – na época das comemorações dos 30 anos do título – que o jogo com o Peru não teve fator algum que fosse "estranho". Goleador do evento, o sóbrio jogador foi considerado pelos especialistas como o responsável, no gramado, pela vitória argentina. Segundo Kempes:

OS HERMANOS E NÓS

Todos os jogos foram complicados. O primeiro, com a Hungria, foi suado, talvez por nossa falta de experiência. Outra grande seleção que enfrentamos, que custou muito esforço foi a França, com Platini na cabeça. A Itália, que nos venceu em Rosário. Os italianos são espetaculares, com seu poder ofensivo. E a seleção brasileira, que, seja lá quais forem seus jogadores, sempre impressionam positivamente. Mesmo na Copa dos Estados Unidos, em 1994, a seleção brasileira, que era ruim, foi campeã. Os brasileiros sempre, de algum modo, vão para a frente! E, no caso da Argentina com o Peru, foi um jogo normal. A seleção argentina havia ido ao Peru três meses antes da Copa e emplacado, se a memória não me falha, uns 3 gols a 0. Por isso, em 1978, a Argentina, precisando de quatro gols, foi ao ataque. A partir do primeiro gol tudo se normalizou. No segundo, começamos a acreditar que dava para chegar à final. Para nós, tudo era esporte. Se houve algo por fora do futebol, eu não sei. Digo isso com a mão no coração: nós, no campo fomos superiores ao Peru. Não dá para acusar nem o Oblitas, nem qualquer outro jogador peruano de qualquer coisa estranha. E muito menos o Quiroga [o goleiro], cujo arco metralhamos constantemente...

Nunca será possível separar isso [a vitória polêmica sobre o Peru] de toda a Copa de 1978. Será uma mancha negra que teremos sobre as costas toda a vida. Nós fomos jogar futebol. Naquela época, somente as famílias dos desaparecidos, que sofreram horrores, é que sabiam o que estava ocorrendo. A imensa maioria dos argentinos não sabia de nada. Quando fomos jogar na Copa, fomos pelo futebol. Não fomos jogar para o [general] Videla e sua cambada que estava no poder. Dentro de tudo isso, espero ter possibilitado minutos de felicidade – quem sabe – para essas pessoas que estavam sofrendo. Na época, não imaginávamos que posteriormente envolveriam os jogadores nessa questão política.

O jornalista Pablo Llonto, também em entrevista aos autores, diz não acreditar em um "jogo arranjado":

Investiguei todos os rumores sobre o jogo Peru *versus* Argentina. A verdade é que ninguém tem provas. Mas, de toda formas, será o jogo "mais longo" de toda a história mundial... pois parece que ainda não se concluiu. Nunca antes houve um embate em um estádio que seja tão comentado como esse, três décadas depois de ocorrido. E, além disso, os rumores crescem com o tempo. Acho que foi um jogo que a seleção argentina venceu justamente.

Copa e Plano Condor

No início de 2012, veio à tona uma nova versão sobre a suspeita derrota da seleção peruana na Argentina, quando o ex-senador peruano Genaro Ledesma Izquieta denunciou que o ditador do Peru na época da Copa, o general Francisco Morales Bermúdez (que governou entre 1975 e 1980), pediu a Videla que lhe fizesse um "favor" dentro do Plano Condor: aceitar como "prisioneiros de guerra" o próprio parlamentar e outros 12 opositores do regime peruano, que na época estava em meio a um período de transição política e não tinha a mesma "facilidade" de assassinar líderes políticos de peso que o poderoso Videla tinha.

O pedido do peruano, segundo Izquieta, incluía a eliminação dos políticos opositores. Em troca, Morales Bermúdez daria a Videla uma assegurada vitória no jogo Peru *versus* Argentina.

O grupo foi transportado até a província de Jujuy, no norte da Argentina, sem qualquer espécie de documento. Na sequência, foram levados a centros de detenção. Os presos não foram colocados nos "voos da morte" graças à rápida ação de grupos de defesa dos direitos humanos sediados em Paris, que conseguiram que o governo francês interviesse intensamente a favor de sua liberação. Videla cedeu às pressões e soltou os peruanos.

No entanto, segundo Izquieta, um acordo entre os dois generais foi mantido, já que a seleção peruana foi derrotada, coincidindo com a entrega de um carregamento de 14 mil toneladas de trigo argentino nos portos do país governado por Morales Bermúdez, além de créditos especiais.

O ex-ditador peruano, de 90 anos, negou em 2012 as acusações do ex-parlamentar. Segundo ele, seu país não esteve envolvido no Plano Condor. Além disso, sustenta que os opositores não foram entregues a Videla, mas sim "deportados" para a Argentina.

TEORIAS

São abundantes as teorias sobre o resultado do jogo Peru *versus* Argentina. Estas são os *hit parades*:

- Videla teria subornado o próprio governo peruano, comandado pelo general Francisco Morales Bermúdez, com um substancial carregamento de trigo argentino.

- A ditadura teria utilizado um narcotraficante colombiano, Fernando Rodríguez Mondragón, como intermediário para realizar um milionário suborno à Federação Peruana de Futebol.

- A ditadura teria pago 50 mil dólares a todos os jogadores peruanos.

- A ditadura teria pago 50 mil dólares somente a alguns jogadores peruanos.

- E, finalmente, o futebol é "uma caixinha de surpresas, em que tudo pode acontecer", isto é, a derrota foi por causas puramente futebolísticas.

GATO ANDRADA:
O GOLEIRO QUE FOI SUSPEITO DE TORTURAS

O nome de Edgardo Norberto *El Gato* Andrada ficou imortalizado na história do futebol mundial por não ter conseguido pegar – por poucos centímetros – a bola que Pelé chutou na direção do lado esquerdo do arco do Vasco da Gama, às 23h horas do dia 19 de novembro de 1969, no mítico Maracanã. Naquele dia, Andrada tornou-se – involuntariamente – o homem que levou o gol número 1.000 do emblemático jogador santista. Andrada, proveniente do time Rosario Central, da cidade de Rosário, província de Santa Fe, era um argentino que havia debutado com brilho no Vasco, time no qual ficaria até 1976.

Mas, em vez de ostentar o prestígio de ter sido alvejado certeiramente por Pelé, a imagem de Andrada na Argentina foi manchada pelas acusações que o indicam como um ativo participante de *patotas* (grupos de jagunços) que realizavam sequestros de civis durante a última ditadura militar (1976-83).

Andrada, que era apelidado de El Gato (O Gato), por suas feições angulosas e olhos levemente rasgados, além do ar "felino" que tinha ao movimentar-se, voltou em 1976 para a Argentina, ano em que dezenas de milhares de pessoas partiam para o exílio.

Naquele ano, os militares argentinos dariam um golpe de Estado que implantaria a ditadura mais sangrenta da história da América do Sul. Em 1977, Andrada entrou para o clube Colón, na cidade de Santa Fe, onde ficou até 1979. Em 1982, integrou o time Renato Cesarini, na cidade de Rosário. No início dos anos 1980, Rosário, onde morava Andrada, era a segunda maior cidade do país. Essa também era a área de atuação do general Leopoldo Fortunato Galtieri, que em 1982 daria um golpe dentro do golpe, tomaria o poder e invadiria as ilhas Malvinas, protagonizando uma catástrofe militar para o país.

Diversas denúncias foram realizadas nos anos 1990 sobre as controvertidas atividades não esportivas de Andrada durante a ditadura. Mas a principal delas, com luxo de detalhes, foi feita em 2008 por um ex-torturador, Eduardo *"Tucu"* Constanzo, de 74 anos, que na primeira década do século XXI estava sob prisão domiciliar em Rosário.

Segundo Constanzo, Andrada fez parte de uma *patota* que sequestrava civis. O ex-torturador, que foi agente da Inteligência do Exército, sustenta que o ex-goleiro esteve envolvido no desaparecimento e assassinato de pelo menos dois militantes do Partido Justicialista (Peronista), Osvaldo Cambiasso e Eduardo Pereira Rossi.

Cambiasso e Pereira Rossi foram sequestrados no dia 14 de maio de 1983, em um bar do centro da cidade, o Magnum, quando faltavam menos de sete meses para que o regime militar terminasse.

Em 2009, Constanzo reiterou perante a Justiça, na cidade de Rosário, as declarações que havia feito um ano antes. Segundo ele, Andrada, junto com outro *patotero*, Sebastián *Filtro*, "sequestrou Pereira Rossi e Cambiasso. Andrada foi embora pisando as cabeças dos dois, que apareceram fuzilados", disse.

Os corpos dos dois militantes apareceram dias depois do sequestro, nos arredores da cidade de Zárate, no norte da província de Buenos Aires. Na época, a autópsia indicou que, antes de serem baleados à queima-roupa, os dois homens haviam sido espancados, além de torturados com choques elétricos. No entanto, o Ministério do Interior, no dia 17 de maio daquele ano, anunciou que Pereira Rossi e Cambiasso haviam sido abatidos em um confronto com forças do Exército da Unidade Regional do Tigre, um município afastado do lugar onde os corpos foram encontrados, e a centenas de quilômetros do lugar de onde foram sequestrados na presença de várias testemunhas.

Constanzo, um dos poucos "arrependidos" da ditadura, afirmou que Andrada aposentou-se como "agente do serviço do Destacamento de Inteligência".

Em 2008, Andrada negou as acusações em breves e irritadas declarações à imprensa: "Isso não tem nem pé nem cabeça". Além disso, afirmou que "Constanzo está delirando". Andrada admitiu que integrava o Exército, mas negou-se a dar explicações sobre suas funções específicas nessa força. No entanto, de acordo com documentos das investigações que a Justiça argentina realiza sobre as torturas em Campo de Mayo – o segundo maior centro clandestino de detenção e torturas da ditadura – Andrada foi "agente secreto C-3 do Destacamento de Inteligência" de Rosário e, consequentemente, do Serviço de Inteligência do Exército.

Investigações sobre Andrada – que em 2014 fez 75 anos – estiveram em andamento nos tribunais comandados pelo juiz Carlos Villafuerte Ruzzo até 2011. Naquele ano, o juiz, que havia tomado uma série de controvertidas decisões no processo, decidiu que não existiam méritos para julgá-lo. Os organismos de defesa dos direitos humanos continuam afirmando que Andrada é culpado.

OS JOGADORES DESAPARECIDOS NA DITADURA

Além de Gato Andrada, diversos ex-jogadores e ex-técnicos foram suspeitos de terem participado de sequestros de civis durante a ditadura argentina; em vários casos, denunciando seus próprios colegas, que foram detidos e torturados por criticar o regime militar. Uma dessas histórias é a de Carlos Alberto Rivada, jogador profissional do time Huracán, da cidade de Tres Arroyos, clube que durante quatro anos fez parte da primeira divisão.

Rivada, conhecido entre seus colegas da época por ser uma pessoa ética, foi sequestrado em fevereiro de 1977 junto com sua mulher, Maria Beatriz Loperena, ao voltar para casa, depois de participar de um jogo. Seus filhos pequenos foram também sequestrados. No entanto, as crianças foram deixadas em um hospital e entregues pouco depois à família Rivada. Mas os corpos do jogador e de sua esposa nunca foram encontrados.

Outro caso é o do jogador Claudio Tamburrini, goleiro do clube Almagro, detido em novembro de 1977 e enviado ao centro de torturas Mansão Seré, no município de Morón, na Grande Buenos Aires. Os militares alegavam que o jogador era um "subversivo", pois tinha amigos que militavam em grupos de esquerda. Mas, depois de cinco meses preso ali, sofrendo sessões de torturas constantemente, conseguiu fugir com outros três prisioneiros em março de 1978. O grupo abriu uma janela com um parafuso. Depois, utilizando uma corda improvisada, feita com cobertores, deslizaram pelos 8 metros de altura que havia entre o terceiro andar, onde estava a cela, e o chão. Acompanhado pelos outros prisioneiros, todos nus – e algemados –, Tamburrini chegou até a rua, escondendo-se em uma obra em construção. Horas depois foram ajudados por moradores da área, que lhes deram roupas e facilitaram sua saída da área. Esse é o único caso de sucesso de uma fuga de um centro de tortura da ditadura.

O filme *Crônica de uma fuga* narra a história real – e única – de um jogador de futebol detido pela ditadura, que conseguiu fugir de um centro clandestino de torturas.

No exílio, o jogador deixou sua profissão original de lado e tornou-se acadêmico da área de Filosofia na Suécia. Tamburrini escreveu um livro sobre sua história, o *Pase libre: la fuga de la Mansión Seré* (Passe livre: fuga da Mansão Seré). Em 2006, a obra virou filme, o *Crónica de una fuga*, do diretor uruguaio Adrián Caetano. O *slogan* do filme foi "120 dias, 4 jovens, 1 oportunidade".

DADOS SOBRE A COPA E A DITADURA

Frases e números que contam a história de 1978 na Argentina – o ano de glória no futebol e terror na política:

- 30 mil desaparecidos durante os sete anos de ditadura.

- 63 opositores assassinados durante os 25 dias da Copa do Mundo da Argentina.

- O orçamento inicial da Copa de 1978 foi setenta milhões de dólares. Setecentos milhões de dólares foi seu custo final.

- A Argentina conseguiu ir à final após uma suspeita vitória sobre o Peru, de 6 a 0.

- Jogadores peruanos foram pressionados pelo ditador Videla no vestiário antes do jogo.

- A final da Copa da Argentina foi no estádio Monumental de Núñez, a dez quarteirões da ESMA, onde estavam sendo torturados prisioneiros políticos.

- Os jogadores holandeses reuniram-se com as Mães da Praça de Maio durante a Copa de 1978.

- Após a Copa da Argentina, a ditadura permaneceu outros cinco anos no poder (só caiu quando foi derrotada na Guerra das Malvinas).

O FUTEBOL E A DITADURA MILITAR

- A Copa da Argentina é comparada à Copa de 1934, na Roma de Mussolini, e à Olimpíada de 1936, na Berlim de Hitler.

- Uma campanha na Europa pedia o boicote contra a Copa na Argentina. A campanha do governo na Argentina retrucava com o *slogan*: "Nós, argentinos, somos direitos e humanos".

- Os exilados argentinos no exterior estavam divididos: uns diziam que deveriam torcer contra a Argentina, já que a Copa favorecia a ditadura; outros argumentavam que futebol e política não se misturam e torciam pela seleção.

- Dentro da Argentina, a ordem dos militares à imprensa era "não criticar de forma alguma a seleção".

POLÍTICA E FUTEBOL

GRONDONA, O CARTOLA QUE SOBREVIVEU A QUATRO DITADORES, NOVE PRESIDENTES E DOIS PAPAS

Julio Grondona, ou simplesmente Don Julio, acumulava em 2013 quase três décadas e meia no comando da Associação de Futebol da Argentina (AFA). Nesse período, o poderoso Grondona, que, segundo os analistas esportivos, dominou a organização sem oposições e questionamentos, sobreviveu apesar de apenas uma Copa do Mundo conquistada (México, 1986), oito greves de jogadores, três paralisações de árbitros, mais de quarenta casos de *doping* da seleção, além de acusações de corrupção e de vínculos controvertidos com o poder e empresários amigos que possuem negócios com a AFA. Apesar dos problemas, Grondona relativiza os contratempos e pronuncia sua frase preferida: "Tudo passa".

Essas duas palavras estão gravadas em letras de forma em um enorme anel de ouro que ostentou – até a morte de sua mulher em 2012 – no rechonchudo dedo mindinho da mão esquerda. Seus críticos, que o definem como um "autocrata", comentam: "Sim, 'tudo passa'... menos Grondona, que continua ali!".

Do seu escritório no centro portenho, na rua Viamonte, Grondona viu o poder político passar, enquanto ele permanecia incólume. De 1979 para cá, a AFA teve um único presidente. Mas a República Argentina já está no 13º presidente (os generais e ditadores Jorge Rafael Videla, Roberto Viola, Leopoldo Fortunato Galtieri e Reynaldo Bignone; e os presidentes civis constitucionais Raúl Alfonsín, Carlos Menem, Fernando de la Rúa, Ramón Puerta, Adolfo Rodríguez Saá, Eduardo Camaño, Eduardo Duhalde, Néstor Kirchner e Cristina Kirchner).

Pouco tempo antes de o papa João Paulo II morrer, Grondona ufanou-se: "Estou há quase tanto tempo na AFA quanto o papa no Vaticano". Em 2013, podia gabar-se de ter sobrevivido a dois pontificados, já que Bento XVI havia renunciado e sido sucedido pelo papa argentino Francisco. Ele também poderia alardear que esteve mais tempo no posto do que o espanhol Ángel María Villar, da Real Federação, ou Ricardo Teixeira, da CBF.

Grondona foi eleito em 1979 com apoio do almirante Alberto Lacoste, encarregado da ditadura para organizar a Copa de 1978. Na ocasião, era visto como uma opção transitória, já que o candidato preferido dos clubes, Ignacio Ercoli, declinou o convite com o argumento (no qual ninguém acreditou) de que não estava disposto

POLÍTICA E FUTEBOL

a ir da cidade de La Plata a Buenos Aires todos os dias (informações extraoficiais indicam que havia ficado assustado com a truculência de Lacoste), a 57 quilômetros de distância.

Mas, nos anos seguintes, o "provisório" Grondona foi reeleito oito vezes. Somente uma vez enfrentou um opositor, o ex-técnico Teodoro Nitti, em 1991. Nitti conseguiu um único voto. Grondona teve 40. Em 2011 foi reeleito com mandato até outubro de 2015. No entanto, dessa vez a eleição esteve envolvida em um escândalo público, já que o empresário Carlos Ávila, ex-proprietário da empresa Torneios e Competências, a TYC (que até 2009 realizava as transmissões de TV dos jogos de futebol argentinos), tentou realizar uma eleição paralela, sem sucesso.

Não existem especulações sobre um eventual sucessor de Grondona que não seja o próprio Grondona.

Um de seus críticos, Raúl Gámez, ex-presidente do time Vélez Sarsfield, afirma que nas assembleias da AFA ninguém ousa perguntar coisa alguma a Grondona. "Quem faz uma pergunta é calado com os assobios dos amigos do Grondona". Segundo ele "Grondona diz que empresta dinheiro aos times. Mas é dinheiro dos times! Ninguém denuncia coisa alguma porque existe medo. Não é um medo pessoal. Mas sim, que Grondona prejudique o time ao qual pertence".

Em quase três décadas e meia de Grondona no comando, a AFA teve nove técnicos da seleção (César Luis Menotti, Carlos Salvador Bilardo, Alfio Basile, Daniel Passarella, Marcelo Bielsa, José Pekerman, novamente Alfio Basile, Diego Maradona, Sérgio Batista e Alejandro Sabella).

Nesse trio de decênios Grondona também sobreviveu às quatro graves crises econômicas que assolaram a Argentina e os clubes. Também passou incólume pela polêmica gerada pela violência nos estádios (do total de 234 mortes de torcedores, 135 ocorreram durante sua administração).

175

Os críticos de Grondona afirmam que ele montou uma estrutura que permitiu a consolidação de "uma AFA rica e clubes pobres". Os times pequenos, de menor influência política e econômica são os mais afetados. Em 1982, o presidente da AFA instalou um sistema de queda para divisões inferiores que beneficiou os grandes times, já que é praticamente impossível ser rebaixado. Somente três deles, o Racing Club, o Independiente e o River Plate caíram brevemente para a segunda divisão.

Fontes do setor esportivo em Buenos Aires indicaram que nenhum governo ousa pressionar pela remoção de Grondona do posto. "Nos últimos anos, sempre existiu uma ameaça velada, lá de Zurique [cidade sede da Fifa], de que, se Grondona for removido, a Argentina pode ficar fora da Copa seguinte", explicaram as fontes.

O poder de Grondona cresceu em 2009 graças ao acordo que a AFA fez com o governo da presidente Cristina Kirchner de estatizar as transmissões dos jogos de futebol em troca de uma suculenta verba anual para os clubes.

O presidente da AFA também possui influências mais além das fronteiras argentinas. Grondona – que não fala outro idioma além do castelhano – preside a Comissão de Finanças da Fifa. Em 1998, tornou-se vice-presidente da entidade mundial de futebol, cargo que ainda exercia em 2013.

Além disso, segundo o analista esportivo Ezequiel Fernández Moores, autor de livros sobre negociatas no futebol argentino, "Gron-

Presidentes não escapam do futebol. Na foto acima, Cristina Kirchner ao lado de Julio Grondona, presidente da Associação de Futebol da Argentina. Abaixo, Néstor Kirchner, durante sua presidência, exibe uma camiseta autografada do seu time, o Racing. Ele arquitetou e ela pôs em prática a estatização das transmissões dos jogos de futebol.

POLÍTICA E FUTEBOL

dona foi elemento crucial na reeleição de Joseph Blatter, presidente da Fifa, em 2002".

Segundo Fernández Moores, Grondona conta com uma vantagem comparativa sobre outros cartolas:

> Ele foi jogador de futebol, presidente de um time pequeno, depois de outro time grande e, finalmente, da AFA. Conhece de perto o funcionamento desse mundo. Muitos cartolas, como o próprio Blatter, nunca tiveram essa experiência. Além disso, segue muito bem a frase do ex-primeiro-ministro italiano Giulio Andreotti, que dizia que "o poder só desgasta aquele que não o tem". E Grondona sabe usar muito bem o poder...

"FUTEBOL PARA TODOS": O POPULISMO ESPORTIVO

"Temos o acesso livre ao esporte mais importante dos argentinos!". Com essas palavras, e com toda pompa, a presidente Cristina Kirchner celebrou em agosto de 2009 – um mês depois de sua pior derrota nas urnas nas eleições parlamentares que acabaram na época com sua maioria no Congresso – o acordo entre seu governo e a AFA, que implicou na estatização das transmissões dos jogos de futebol por uma década inteira.

O argumento do governo era de "levar o futebol a todos os argentinos", já que desde os anos 1990 as transmissões eram realizadas pela TV a cabo. Por esse motivo, batizou a estatização de "futebol para todos". No entanto, a oposição acusa a presidente Cristina de "populismo esportivo", já que desde fevereiro de 2010 – por ordem de seu marido, o ex-presidente Néstor Kirchner (que morreria poucos meses depois) – todo o espaço publicitário nos jogos de futebol é ocupado por publicidade com apologias das obras e medidas do governo.

A medida salvou os times argentinos, que estavam, em sua imensa maioria, à beira da falência após anos de administrações irregulares.

O protagonista da estatização das transmissões – que colocou o Estado argentino no *business* esportivo – foi o ex-presidente Néstor Kirchner, considerado o verdadeiro poder no primeiro governo de sua mulher e sucessora, Cristina. Para isso, Kirchner apresentou à AFA uma suculenta proposta de 156 milhões de dólares por ano até 2019. Isto é, ao longo de uma década, o Estado argentino desembolsaria – a princípio – o equivalente atual a 1,56 bilhão de dólares à AFA e aos clubes argentinos pelos direitos de transmissão, desviando esses fundos de necessidades sociais mais urgentes, como educação, saúde, entre outras.

Nas semanas prévias ao anúncio oficial, a proposta parecia uma piada, quando rumores no âmbito político indicavam que o governo estava atrás dos direitos das transmissões. Mas, finalmente, a AFA deu o passo na direção de aceitar a estatização das transmissões ao cancelar abruptamente o contrato que possuía com a empresa Televisão Via Satélite Codificada (TSC), sociedade formada entre a empresa TYC e o mais poderoso *holding* da mídia argentina, o Grupo Clarín.

Na época, em declarações ao jornal *Crítica*, o presidente da AFA, Julio Grondona, ironizou com a jornalista esportiva que o entrevistava: "Se você tem um marido que te bate e que te dá duzentos pesos para viver ao longo de todo o ano, e por outro lado vem um cara que te ama com loucura e propõe te dar tudo o que você quer, com qual ficaria?".

A proposta dos Kirchner superava amplamente o pagamento estipulado no contrato entre a AFA e a TSC, já que este determinava o desembolso equivalente a 69 milhões de dólares por ano. O contrato com a TSC vencia em 2014.

Dessa forma, o governo desferiu um duro golpe no grupo de mídia, que – aliado dos Kirchner entre 2003 e 2008 – se transformou em seu arqui-inimigo. O fim abrupto dos direitos de transmissão dos jogos provocou perdas de 78 milhões de dólares para o Grupo Clarín.

No fim das contas, o monopólio privado das transmissões passou para o monopólio estatal.

No entanto, os valores destinados ao pagamento dos clubes e da AFA começaram a ser alterados logo após o lançamento do programa, com aumentos a cada ano. Dos originais 156 milhões de dólares pactuados no contrato em 2009, para 256 milhões de dólares previstos no Orçamento Nacional para 2014. Em 2013, o total desembolsado pelo governo desde 2009 para as transmissões dos jogos acumulava um total de 1,06 bilhão de dólares.

FUTEBOL COMO BANDEIRA

O "futebol para todos" – único caso mundial de estatização das transmissões dos jogos – é uma das bandeiras do governo da presidente Cristina, que afirma estar "democratizando" o acesso dos jogos para todos os argentinos. No entanto, líderes da oposição asseguram que o governo Kirchner usa a estatização das transmissões para fazer propaganda política, já que durante os jogos somente são transmitidas publicidades oficiais de obras, medidas e feitos do governo Kirchner.

Analistas consideram que o governo utilizou as transmissões de futebol para aumentar a popularidade de Cristina Kirchner, reeleita em outubro de 2011 com 54% dos votos.

O sociólogo Artemio López, da consultoria de opinião pública Equis, sustentou em 2011 que "a histórica abertura das transmissões de TV, fruto de uma negociação da presidente Cristina e a AFA, foi uma medida com forte impacto nos setores populares". Segundo López, o "futebol para todos" permitiu ao governo "divulgar em massa" ações e obras pouco conhecidas nas áreas de cultura, educação, obras públicas e tecnologia. "Nesse tipo de política estão as causas pelas quais Cristina teve um respaldo avassalador nestas eleições".

OS PRESIDENTES ARGENTINOS E O FUTEBOL

Julio Argentino Roca assistiu a seu primeiro jogo de futebol no dia 26 de julho de 1904, em Buenos Aires. Os *contrincantes* eram o Alumni, anfitrião, e o então poderoso visitante, o britânico Southampton. O jogo terminou em derrota para os argentinos. Mas isso não teve importância. Essa data tem seu peso histórico na relação do futebol e da política na Argentina, já que Roca era o presidente da República na época.

Em 1925, o primeiro presidente argentino a inaugurar um estádio de futebol foi Marcelo T. de Alvear. Ele cortou a faixa do primeiro estádio que o Boca Juniors teve (antes de La Bombonera).

O vínculo entre o futebol e a política cresceu de forma gradual com o passar das décadas. Mas, nos anos 1940, era forte o suficiente para que o presidente Juan Domingo Perón fosse nomeado presidente honorário da AFA. A associação ultrapassou as fronteiras de suas atividades esportivas para respaldar publicamente a reeleição de Perón em 1951. Perón, no entanto, evitava sempre assumir a torcida oficial por algum time. Ele alegava que seu coração estava aberto a todos os clubes, para evitar melindrar torcedores e – eventualmente – perder eleitores. Mas seus biógrafos sustentam que ele torcia – na surdina – para o Racing Club.

O ditador e general Jorge Rafael Videla tirou grande proveito da organização da Copa do Mundo de 1978 (ver capítulo "O futebol e a ditadura militar"). Mas, com a volta da democracia, o primeiro presidente civil, Raúl Alfonsín (1983-89), manteve uma relação discreta com o futebol. Alfonsín apreciava esse esporte (era torcedor do Independiente), mas não fazia um uso político ostensivo disso. Quando a seleção venceu a Copa de 1986, Alfonsín recebeu os jogadores na Casa Rosada. Mas não se esforçou por conseguir dividendos políticos desse evento.

No entanto, seu sucessor, Carlos Menem (1989-99), torcedor do River Plate, fez uso ostensivo do futebol ao receber na residência presidencial de Olivos jogadores de futebol para sessões de peladas, acompanhadas por churrasco ou pelo prato preferido do menemismo: *pizza* com champanhe. Menem jogou com Diego Armando Maradona e obteve do então astro do país o respaldo declarado para suas medidas políticas. Menem fazia constantes alusões futebolísticas em suas declarações à imprensa e discursos.

Outros presidentes, como Fernando de la Rúa (1999-2001), torcedor do Boca Juniors, e Eduardo Duhalde (2002-2003), *hincha* do Banfield, tiveram uma relação discreta com esse esporte e seus protagonistas.

Néstor Kirchner (2003-2007) cumpriu seu mandato presidencial sem alardes esportivos em público, embora fosse torcedor do Racing. No entanto, durante o governo de sua mulher, Cristina, comandou o processo de estatização das transmissões dos jogos de futebol. Além disso, pressionou para que Maradona fosse o novo técnico da seleção, pois considerava que isso implicaria em um efeito político contundente (apesar das pesquisas que indicavam a contrariedade da população com essa nomeação).

Quando Kirchner morreu, em 2010, seu vínculo com o futebol não cessou. Dias após seu falecimento, o presidente da AFA, Julio

POLÍTICA E FUTEBOL

Carlos Menem, presidente argentino entre 1989 e 1999, era torcedor do River e gostava de mostrar seus dotes futebolísticos em peladas no campo da residência oficial de Olivos. Ele costumava misturar em seus discursos políticos gracejos sobre os jogos da semana.

Grondona, anunciou que o torneio de futebol seria chamado de Dr. Néstor Kirchner.

O governo de Cristina Kirchner (a presidente é torcedora do Gimnasia y Esgrima, de La Plata) recorreu de forma inédita ao futebol em 2013, quando protagonizou uma medida incomum: alterar os horários dos jogos de futebol para distrair a atenção de um programa de TV que relatava os escândalos de corrupção do *entourage* presidencial. Tudo começou no primeiro semestre de 2013, quando o programa *Jornalismo para todos*, comandado por Jorge Lanata, começou a divulgar detalhes e provas sobre os casos de corrupção do governo, especialmente sobre os vínculos irregulares entre o empresário Lázaro Báez – investigado na Justiça por suposta lavagem de dinheiro – e o casal Néstor e Cristina Kirchner. Lanata é um jornalista investigativo que desde o final dos anos 1980 vinha denunciando uma série de escândalos de corrupção dos diversos governos argentinos.

O governo Kirchner anunciou que alteraria o horário dos jogos noturnos dominicais em uma hora, coincidindo com o do programa comandado por Lanata. Na ocasião, integrantes do governo admitiram publicamente que a mudança de horário era por uma disputa de audiência contra o programa, transmitido pelo canal Trece, que pertence ao Grupo Clarín, principal *holding* multimídia da Argentina, considerado "inimigo mortal" pela Casa Rosada.

A expectativa, nos dias prévios ao primeiro domingo com horários coincidentes, era a de que o esporte favorito da população ganharia a luta pela audiência. No entanto, ao longo de diversos domingos o programa de Lanata foi o mais assistido pelos espectadores. Pela primeira vez um programa sobre política chamava mais a atenção do que o futebol.

UM CELEIRO DE CRAQUES

LA SAETA: ALFREDO ESTÉFANO DI STÉFANO LAULHÉ

Na lista dos maiores jogadores do mundo de todos os tempos, há uma divisão entre os que venceram Copas do Mundo e os que jamais puderam levantar a taça de campeão mundial. Por esse motivo, Pelé, com três conquistas, Garrincha, com duas, Maradona, Zidane e Beckenbauer, com uma cada um, se sobrepõem a Cruyff, Puskas, Zico e Di Stéfano, que abandonaram a carreira sem o mais importante título do futebol.

Mas três desses quatro jogadores sem títulos, embora não tenham conquistado a Copa, fizeram suas seleções serem incluídas entre as melhores de todos os tempos. A Hungria de Puskas pode ter perdido a final da Copa de 1954 para a Alemanha, mas terminou o Mundial da Suíça encantando o mundo. O húngaro entrou para a história, enquanto nenhum dos campeões alemães é citado entre os grandes craques do futebol.

Cruyff liderou uma revolução no futebol com a Laranja Mecânica, como ficou apelidada a seleção da Holanda de 1974. Era uma máquina de jogar futebol. Conseguiu a proeza de eliminar e humilhar Brasil e Argentina na segunda fase do torneio. Mas sua Holanda acabou perdendo a final para a Alemanha. Cruyff, assim como Puskas, porém, entrou para a história. Em 1978, o craque holandês optou por não disputar a Copa da Argentina e muitos holandeses afirmam que, com ele em campo, teriam vencido a final no Monumental.

Zico teve mais chances para ser campeão. Ainda jovem, em 1978, quando o Brasil terminou a Copa sem perder. O seu auge foi em 1982, quando a seleção brasileira apresentou um futebol até hoje idealizado ao redor do mundo. Na segunda fase, a geração de Zico, Sócrates e Falcão perdeu da Itália. Mas até hoje muitos estrangeiros colocam essa seleção acima das equipes brasileiras campeãs em 1994 e 2002. Na Copa de 1986, Zico, se recuperando de uma contusão, perdeu um pênalti no jogo em que os brasileiros foram eliminados pelos franceses.

Se Puskas, Cruyff e Zico chegaram perto de um título mundial, Alfredo Di Stéfano sequer disputou uma Copa do Mundo. Um dos dez maiores jogadores da história – e para muitos, incluindo Pelé, o

Alfredo Di Stéfano foi o primeiro mito futebolístico argentino de alcance mundial. Nascido em 1924, atuou pelo River Plate e pelo Real Madrid e foi considerado pela Fifa um dos cinco melhores jogadores do século xx, junto com Pelé, Beckenbauer, Maradona e Johan Cruyff.

OS *HERMANOS* E NÓS

mais completo – nunca jogou um Mundial, embora tivesse a cidadania de duas das maiores seleções do mundo – Argentina e Espanha.

Uma série de acontecimentos fez o planeta perder a chance de ver Di Stéfano jogando uma Copa. Em 1950 e 54, a Argentina decidiu boicotar a Copa do Mundo. Em 1956, Di Stéfano já tinha a cidadania espanhola, mas não conseguiu classificar a Espanha nas Eliminatórias para a Copa de 1958. Quatro anos mais tarde, estava classificado, mas se contundiu antes da Copa. Mais impressionante: Di Stéfano, diferente de Maradona e Messi, nunca conseguiu marcar um gol contra a seleção brasileira em toda a sua carreira. Seu único título pela Argentina foi uma Copa América em 1947.

Apelidado de *Saeta Rubia* (Flecha Loira, pela cor de seus cabelos e sua velocidade), esse filho de um imigrante italiano com uma filha de imigrantes franco-irlandeses nascido no bairro de Barracas, em Buenos Aires, em 1926, começou a carreira no River Plate, sendo campeão em 1945 e 47. Depois de uma passagem pelo Huracán, transferiu-se para o Millonarios de Bogotá. Na Colômbia, seria campeão nacional mais três vezes. Seu futebol chamou a atenção do Barcelona e do Real Madrid. Em meio a uma enorme polêmica, depois de ter assinado com o clube catalão, acabou indo para o clube da capital espanhola.

Com Di Stéfano em campo, o Real Madrid conquistou a Copa da Europa (atual Liga dos Campeões) cinco vezes consecutivas entre 1956 e 60. Essa equipe, junto com o Santos de Pelé e o Barcelona de Messi, é considerada uma das maiores da história do futebol. Em 1960, também levou o time espanhol a uma Copa Intercontinental. Foi também oito vezes campeão espanhol.

Curiosamente, a fase de maior destaque na carreira de Di Stéfano foi depois dos 30 anos. Pelé, por exemplo, disputou sua quarta e última Copa do Mundo aos 29 anos e conquistou a primeira com 17. Maradona também teve seu apogeu por volta dos

25 anos. Muitos craques continuam jogando em alto nível mesmo depois dos 30. Mas são raros os que têm a melhor fase nessa idade, como o *Saeta Rubia*.

Di Stéfano jogou praticamente até os 40 anos de idade. Suas duas últimas temporadas foram pelo Español, de Barcelona. Após encerrar a carreira de jogador, foi técnico, tendo dirigido o Boca e o River. Atualmente vive na Espanha. Uma das histórias mais tristes de sua vida foi um sequestro na Venezuela, em 1963. Ele acabou sendo solto após passar alguns dias em cativeiro.

LA PULGA: LIONEL ANDRÉS MESSI CUCCITTINI

Mesmo sem ganhar uma Copa do Mundo, Messi praticamente quebrou um dogma do futebol mundial ao ser equiparado a Pelé e Maradona como o maior jogador de todos os tempos. Bateu recordes de gols em uma temporada, ganhou todos os títulos possíveis pelo Barcelona e se tornou quase imbatível na hora de escolher o maior atleta da temporada pela Fifa.

Apenas para se ter uma ideia das marcas de Messi, o jogador argentino, até o fim de 2013, em nove anos como profissional e 26 anos de idade, havia vencido seis vezes a Liga Espanhola de futebol (equivalente do Campeonato Brasileiro), duas vezes a Copa do Rey da Espanha (equivalente da Copa do Brasil), seis vezes a Supercopa da Espanha, três vezes a Liga dos Campeões (*Champions League*, o Campeonato Europeu), dois Mundiais Interclubes e duas Supercopas da Europa. Isso apenas pelo Barcelona. Pela seleção da Argentina, foi campeão mundial sub-20, em 2005, e medalha de ouro na Olimpíada de Pequim, em 2008.

Até o fim de 2013, havia marcado 327 gols pelo Barcelona e outros 37 pela Argentina. Foi escolhido quatro vezes consecutivas o maior jogador do mundo pela Fifa. Em 2012 marcou 91 gols em um ano corrido, superando Pelé em 1958 (76 gols), e Gerd Muller em 1972 (85 gols).

Até nos Estados Unidos, um país onde a paixão pelo futebol ainda está distante dos patamares europeu e sul-americano, Messi se tornou um ícone. O *New York Times* o colocou diversas vezes na capa de sua edição de esportes, chegando a descrevê-lo como *boy genius*. Sua camisa é usada por refugiados sírios no vale do Beqaa, em campos de areia em Guiné-Bissau, por crianças corintianas e flamenguistas em peladas no Brasil, por nigerianos no metrô de Londres e por sauditas viajando para o Japão.

Sem dúvida, Messi não é carismático como Maradona. Longe disso. Alguns nem sequer chegaram a ouvir a voz do gênio do Barcelona. O argentino sempre preferiu se manter reservado, longe dos holofotes. Não o agrada aparecer. Gosta mesmo de jogar futebol. É como a criança de bairro de São Paulo ou Buenos Aires que passa horas na quadra com os amigos atrás de uma bola até que o anoitecer torne impossível continuar. Não existe fome, sede ou tentação que retire Messi do gramado.

Fisicamente, Messi tem uma aparência comum, mediterrânea. É um típico argentino de ascendência italiana. Poderia ser confundido na imigração dos Estados Unidos com algum italiano, brasileiro, grego, espanhol ou francês. Seu cabelo liso sempre tem um corte normal, meio despenteado, simples, sem chamar a atenção como o de Cristiano Ronaldo, Neymar ou David Beckham. Sua barba é aparada. Em nenhum momento o argentino tenta passar a imagem de *rock star*.

Messi também evita polêmicas. Raramente dá uma declaração que gere mal-estar. Para o bem ou para o mal, não se envolve em questões alheias ao futebol, como Romário, Pelé, Maradona ou Zidane. Tímido, nem mesmo usa redes sociais como os jovens de sua geração. Enquanto Neymar, o craque brasileiro e também do Barcelona, possui centenas de fotos no Instagram e interage com seguidores no Twitter, Messi quase não posta fotos e evita tuitar. Mais por timidez do que por soberba.

Sua vida amorosa tampouco é glamourosa como a de Ronaldo e Beckham. Nunca foi descrito como um Casanova. Inclusive, antes de ser a maior estrela do futebol mundial, enfrentava dificuldades para paquerar as mulheres devido à sua timidez. Poderia facilmente passar despercebido em Buenos Aires, Milão, Barcelona ou São Paulo não fosse a sua genialidade. As poucas mulheres que namorou costumavam ser de sua nativa Rosário. Incluindo a sua mulher Antonela, com quem tem um filho.

Messi tampouco se encaixa no estereótipo dos argentinos, muitas vezes preconceituosamente descritos como arrogantes. Seu sotaque, embora com nuances do argentino, diversas vezes traz traços fortes do espanhol falado na Catalunha. Como o próprio jogador gosta de dizer, ele passou mais tempo da vida em Barcelona do que em Rosário.

Dentro dos campos, Messi herdou o talento da escola argentina no passe e no drible. Mas, curiosamente, se diferencia de outros jogadores argentinos por não ser um brigador. Não por ser apático. Ao contrário. Mas porque não precisa brigar. Tudo é fácil para Messi. Parece que a bola grudou em seus pés. Não há necessidade de suar a camisa. Os gols saem naturalmente, da mesma forma que os toques e os dribles.

Assim como outros craques de sua geração, Messi ainda era criança nos anos 1990, quando era comum filmar partidas de futebol mesmo de categorias inferiores. Seus vídeos estão espalhados pela internet. Cabeludo e baixinho, se destacava em meio a grandalhões de sua escola. Ninguém conseguia pará-lo. Estava a quilômetros de distância de seus rivais.

Messi, porém, tinha problemas hormonais que afetavam seu crescimento. Sua família, em Rosário, era de classe média baixa. Seu pai trabalhava em uma fábrica e sua mãe de faxineira para sustentar os quatro filhos – três homens e uma mulher. Ninguém queria bancar o tratamento de Lionel na Argentina. A sorte foi o seu talento para o futebol, que chamou a atenção dos catalães. Foi levado para Barcelona praticamente na pré-adolescência. Seu pai o acompanhou na mudança para a Espanha. Messi era extremamente tímido na época. Alguns de seus amigos dizem que ele praticamente nunca falava e alguns desconfiavam que era mudo. Suas roupas se restringiam a agasalhos da academia de jovens do clube. Mas pouco importava. No campo, o argentino dava show.

De acordo com uma lenda, Messi, com a cidadania espanhola, iria atuar pelas seleções de categorias inferiores da Espanha, mas um jornalista argentino, em Barcelona para uma matéria com Saviola, o viu treinando e ficou deslumbrado. Ao descobrir se tratar de um argentino, ligou para a AFA. Acabou convocado pelas seleções de divisões inferiores da Argentina, optando por jogar pelo seu país nativo – atualmente Messi nega ter pensado em atuar pela Espanha.

Seu apelido, *La Pulga* (A Pulga), surgiu por ser baixinho e miúdo quando era pré-adolescente.

Em entrevistas, Messi sempre gosta de frisar a importância de quatro brasileiros para a sua carreira no Barcelona – Deco, Tiago Mota, Silvinho e Ronaldinho Gaúcho. Este último, que também foi o melhor do mundo, é o grande ídolo da carreira de Messi. O argentino, quando mais novo, era o protegido de Ronaldinho, que, já nessa época, apostava em Messi como o melhor do mundo em poucos anos.

Messi, sem dúvida, vem superando as marcas individuais de Maradona. Tem uma média de gols bem superior, em parte por ser

UM CELEIRO DE CRAQUES

Lionel Messi nasceu na Argentina, mas foi no Barcelona que construiu sua carreira e chegou a melhor do mundo. À distância, tornou-se uma nova lenda futebolística para os argentinos. Ao contrário de Maradona, mantém uma vida discreta e sóbria.

atacante, enquanto Maradona era meia. Em segundo lugar, conquistou bem mais títulos por clube. Nesse caso, Maradona tem a desculpa de ter jogado pelo Napoli, um time que, antes dele, nunca havia sido campeão italiano e com o argentino venceu duas vezes o campeonato nacional e também uma Copa da Uefa – e, posteriormente, nunca mais conquistou outro título. Já Messi joga pelo Barcelona, um dos melhores times de todos os tempos, com outros craques campeões mundiais, incluindo Xavi e Iniesta, além de Neymar.

O problema de Messi tem sido nas Copas do Mundo. Em 2006, ainda era muito jovem, com 18 anos, mas ainda assim marcou um gol na goleada de 6 a 0 contra a Sérvia. Em 2010, não chegou a ser um fiasco, pois teve boas atuações. Mas não marcou gols e tampouco conseguiu classificar a Argentina para a semifinal, vendo o time ser goleado, e eliminado mais uma vez, pela Alemanha.

Maradona, por sua vez, decepcionou na Copa de 1982, a sua primeira, depois de ter sido deixado de fora em 1978. Mas, em 1986, teve uma das maiores atuações, se não a maior, de um jogador, independentemente do país, em uma Copa do Mundo, conquistando o bicampeonato para a Argentina. Em 1990, levaria os argentinos mais uma vez para a final.

A dúvida sobre Messi é se ele entrará para a história como um dos maiores jogadores da história por suas atuações no Barcelona, como ocorreu com Di Stéfano por seus tempos no Real Madrid, ou como um Maradona, com uma Copa do Mundo no currículo. Caso conquiste um Mundial, Messi terá ainda mais uma vantagem sobre Maradona e mesmo Pelé – será o único dos três a colecionar também uma medalha de ouro na Olimpíada.

Diferentemente de Pelé e de Maradona, Messi parece não se importar com a questão de quem foi o maior da história. Pelé afirma, na terceira pessoa, "que Pelé foi melhor do que Maradona". Já Maradona, irônico, diz que sua mãe afirmou que ele foi o melhor.

Messi, aparentemente, optou por quebrar recordes e deixar que os outros decidam. Afinal, pouco importa para ele, que gosta mesmo é de jogar futebol.

OUTROS CRAQUES

Passarella é um dos maiores defensores da história do futebol, e também um dos zagueiros que mais marcou gols na carreira, com 134 ao todo. Disputou três Copas do Mundo, sendo o único jogador a ter ganhado as duas Copas do Mundo pela Argentina. Em 1978, era o capitão e levantou o troféu. Em 1986, integrava o elenco, mas ficou de fora do time titular. Não se dava com Maradona. A maior parte da sua carreira, entre 1974 e 82, jogou pelo River Plate. Teve passagens pela Fiorentina e Inter de Milão, antes de retornar ao River para finalizar a carreira, em 1989. Nos cinco anos seguintes, dirigiu o River. Em 1998, foi técnico da seleção argentina e gerou polêmica ao não permitir que os jogadores tivessem cabelo comprido, entrando em atrito com Redondo e Caniggia. Como técnico, ainda dirigiu a seleção do Uruguai, além dos times Parma, Monterrey e Corinthians. Em 2009, assumiu a presidência do River Plate.

Kempes entrou para a história da Argentina ao ser artilheiro da Copa de 1978 com seis gols, sendo dois deles na final. Para muitos, ele é o símbolo do primeiro título argentino. Também participou dos Mundiais de 1974 e 82. Na Argentina, iniciou a carreira no Instituto de Córdoba, em 1973. Nos três anos seguintes, atuou no Rosario Central, antes de se transferir para o Valencia, da Espanha, pelos cinco anos seguintes, até 1981, sendo artilheiro duas vezes do Campeonato Espanhol. Venceu uma Copa do Rei e uma Recopa europeia. Quando retornou à Argentina, atuou pelo River, onde conquistou seu único título nacional. Ele voltou à Valência em 1983 para mais duas temporadas. Nos dois anos seguintes, Kempes jogou pelo pequeno Hercules, de Alicante. Entre 1986 e 92, atuou por diferentes times da Áustria. Depois, passou por um time da segunda divisão do Chile e encerrou a carreira no futebol indonésio, aos 42 anos. Dirigiu ainda times na Indonésia, Albânia, Bolívia e Venezuela. Hoje é comentarista de futebol de um canal de esportes hispânico nos EUA. Em 2010, a cidade de Córdoba rebatizou seu principal estádio, o antigo Chateau Carreras, com seu nome: Mario Alberto Kempes.

Caniggia é o atacante que entrou para a história ao marcar o gol da única vitória da Argentina sobre o Brasil em Copas do Mundo. Foi em 1990. Maradona pegou a bola no meio de campo, driblou uma série de jogadores brasileiros e passou para Caniggia chutar contra o gol de Taffarel. A partida terminou 1 a 0, com os argentinos eliminando o Brasil. Na final, a Argentina acabou perdendo para a Alemanha. Caniggia jogou também as Copas do Mundo de 1994 e 2002. Em 1998, bateu de frente com o técnico Passarella, por se recusar a cortar o cabelo. Nos clubes, atuou por Boca e River, assim como por times na Itália, Portugal, Escócia, Qatar e Inglaterra.

Batistuta foi o maior artilheiro da Argentina em Copas do Mundo, com dez gols em 12 jogos. Disputou os Mundiais de 1994, 1998 e 2002. Nos dois últimos, já sem Maradona, era ídolo da seleção argentina. Nos clubes, iniciou a carreira no Newell's e atuou pelo River Plate e pelo Boca Juniors. Em 1991, foi para a Fiorentina, onde permaneceu uma década, sendo artilheiro do Campeonato Italiano em 1995 e vencendo a Copa da Itália em 1996. Já na Roma, venceu o seu único Campeonato Italiano em 2001. Em 2003, atuou pela Inter de Milão, antes de encerrar a carreira no Qatar.

Riquelme, diferentemente de outros craques argentinos, chamou mais a atenção por seu desempenho nos clubes do que na seleção. O meio-campo sempre é associado ao Boca Juniors e à Libertadores da América, na qual foi carrasco de muitos jogadores brasileiros. Atuou no time da Bombonera entre 1996 e 2002, retornando ao Boca em 2007. No meio tempo, teve passagens pelo Barcelona, por um ano, e pelo Villareal, por quatro temporadas. Jogou apenas uma Copa do Mundo, em 2006, e conquistou a medalha de ouro na Olimpíada de 2008, em Pequim. Pelo Boca, venceu a Libertadores três vezes, além de um Mundial, cinco campeonatos argentinos e uma Recopa sul-americana.

Técnicos

Menotti dirigiu a seleção da Argentina na conquista da Copa do Mundo de 1978 e também, sem o mesmo sucesso, em 1982. Ele havia sido chamado para comandar a seleção em 1974, depois de conquistar surpreendentemente o título argentino pelo Huracán. Depois de deixar a seleção da Argentina, foi técnico do Barcelona, que tinha Maradona na época. Juntos, conquistaram a Copa do Rei. Após deixar o time espanhol, foi treinador de uma série de equipes, incluindo Boca, River e Independiente.

Billardo foi técnico da seleção na conquista da Copa do Mundo em 1986 e também no vice-campeonato de 1990. Sempre foi associado a Maradona. Os dois já brigaram e fizeram as pazes uma série de vezes. Billardo também foi auxiliar técnico do gênio argentino na Copa de 2010. Ao longo da carreira, deixou algumas vezes o trabalho de treinador para atuar como jornalista. Em suas colunas, não perdeu oportunidade de usar seus conhecimentos médicos para dar conselhos sobre posições sexuais na gravidez e alimentação.

Bielsa é considerado o melhor treinador do mundo por Guardiola, técnico do Bayern e ex-técnico do genial Barcelona de Messi. Conhecido como um estudioso do futebol, para muitos, Bielsa chega a ser visto como "um louco". Aprecia o futebol arte e dirigiu a seleção

OS *HERMANOS* E NÓS

argentina na Copa de 2002. O time jogou bem, mas caiu no grupo da morte, ao lado de Inglaterra, Suécia e Nigéria, e, com uma vitória, uma derrota e um empate, acabou eliminado na primeira fase. Sob seu comando, a Argentina venceria, dois anos mais tarde, a Olimpíada de Atenas. Foi ainda técnico da seleção do Chile e do Atletic de Bilbao. Seu irmão, Rafael, foi chanceler argentino no governo de Néstor Kirchner.

Bianchi, como jogador, conquistou o histórico título de campeão argentino pelo Vélez Sarsfield em 1968. Voltaria ao time, como técnico, nos anos 1990, para ganhar mais três campeonatos argentinos, uma Libertadores e um Mundial de Clubes. Depois de se transferir para o Boca Juniors, venceu ainda mais três Libertadores, dois Mundiais e quatro campeonatos argentinos. Passou ainda por clubes na França, Itália e Espanha. Em 2013, voltou a dirigir o Boca. Muitos clubes brasileiros, sem sucesso, já tentaram contratá-lo. Ironicamente, nunca foi treinador da seleção da Argentina.

MARADONA, *EL PIBE DE ORO*

MARADONA, MITO E REALIDADE. E ESCÂNDALOS

Dios (Deus). La Mano de Dios (A Mão de Deus). El Pibe de Oro (O Garoto de Ouro). El Diez (O Dez). Todas essas são formas de referir-se a um dos mitos futebolísticos do final do século XX, o ex-astro do futebol Diego Armando Maradona. No dia 30 de outubro de 1960, nasceu no Hospital Eva Perón, no município de Lanús, na zona sudoeste da Grande Buenos Aires, mas cresceu no município de Lomas de Zamora, na casa de sua família (sobre a qual atualmente diz que chovia mais dentro do que fora), na esquina das ruas Amazor e Mario Bravo, no bairro de Villa Fiorito. Ainda hoje a casa está lá; segundo Maradona, "da mesma forma que era antigamente".

Do outro lado do quarteirão existiam vários campinhos, onde deu seus primeiros passos driblando os amigos. Villa Fiorito é atualmente um bairro de classe média baixa (era um espartano bairro operário nos tempos de infância de Maradona e, ao contrário do que diz o mito, jamais foi uma favela) que sofreu muito com a crise de 2001-2002. O bairro melhorou graças ao esforço de seus habitantes; Maradona nunca patrocinou obra alguma ali, sequer doou dinheiro para melhorar as condições de vida de seus ex-vizinhos.

O lançamento ao estrelato-mirim ocorreu quando apresentaram Maradona, um garoto, ao técnico dos Cebollitas, time da divisão infantil do clube Argentinos Juniors. O clube fica no bairro de La Paternal, na cidade de Buenos Aires. Décadas depois, quando Maradona não estava mais no time, sequer no país, a equipe o homenageou colocando seu nome no complexo esportivo que inaugurou na zona sul do bairro de Flores, na esquina das avenidas Lafuente e Perito Moreno.

Maradona tornou-se rapidamente um jovem prodígio ao longo dos anos 1970. Já transformado em estrela, havia disputado vários jogos pela seleção nacional, sendo colocado entre os melhores do mundo ainda com 18 anos. Ele tinha expectativas de ser convocado pelo técnico César Luis Menotti para a seleção que seria a anfitriã da Copa do Mundo de 1978, na Argentina. Mas Menotti o informou de que não seria escalado. O jogador voltou ao Argentinos Juniors.

Meses depois, foi convocado por Menotti para integrar a seleção juvenil de 1979. Maradona, escolhido o melhor jogador do campeonato mundial juvenil daquele ano no Japão, protagonizou a vitória do torneio. No dia da conquista do troféu, o ditador e general Jorge Rafael Videla falou com Maradona logo após o triunfo, em transmissão ao vivo para a TV. O jogador, na conversa, dedicou a vitória "*a usted* [Videla] *y todos los argentinos*" (ao senhor Videla e a todos os argentinos). Ao retornar a seu país, Maradona, carregando a taça, foi junto com os outros jogadores à Casa Rosada. Um ano depois, reuniu-se com o general Roberto Viola (que em 1981 sucederia Videla no poder). No encontro, Maradona pediu ao militar que lhe quebrasse um galho. Mas o pedido não foi para a liberação de um preso político. Maradona disse na ocasião: "Meu general, queremos pedir que em agradecimento, como um prêmio [pela vitória], nos dê a baixa [do serviço militar]".

Maradona nunca fez um *mea-culpa* sobre o respaldo ao regime naqueles anos. Na época em que o presidente Carlos Menem – a quem o jogador elogiava constantemente – indultou os militares, Maradona, figura de peso político mundial, nada disse.

Prestigiado, em 1981 Maradona debutou no Boca Juniors, time ao qual sua imagem seria vinculada ao longo de sua carreira. Mas, em 1982, seu passe foi vendido ao FC Barcelona. Pouco antes de ser transferido, participou da Copa do Mundo da Espanha. Imaginava-se que ele seria uma das estrelas da competição, mas seu desempenho ficou aquém do esperado. No fim, acabou expulso na derrota da Argentina para o Brasil por 3 a 1 e a sua seleção deu adeus ao Mundial.

Nos anos seguintes, Maradona tornou-se uma sensação do futebol europeu enquanto estava no Barcelona. Na cidade, famosa por sua vida noturna, teve uma vida agitada. Ali, segundo seu biógrafo inglês, Jimmy Burns, Maradona teria tido contato em grande escala com as drogas.

O comportamento ocasionalmente violento de Maradona com jogadores de times rivais no campo começou a exasperar os líderes do Barça, que decidiram aceitar uma oferta feita pelo Napoli, uma equipe que nunca havia conquistado um Campeonato Italiano. O jogador mudou-se para o sul da Itália, onde começou uma nova fase de sua carreira em 1984.

Em 1986, Maradona foi convocado para a Copa do Mundo do México. Ali realizou seus dois gols mais famosos: ambos no jogo contra a Inglaterra. Em um deles, o jogador conseguiu empurrar suavemente – e de forma quase imperceptível – a bola para dentro do arco do goleiro Peter Shilton. O gol foi admitido pelo juiz, que não percebeu o auxílio prestado pela mão do argentino. Maradona, imediatamente, alegou com ironia que havia sido "a mão de Deus". No fim, levou a Argentina ao bicampeonato contra a Alemanha e foi coroado como o maior jogador do planeta.

A Copa de 1986, no México, foi de Maradona. Na foto, ele comemora um dos míticos gols contra a arquirrival Inglaterra.

O estádio lotado acompanha o grande ídolo argentino carregar em triunfo a taça da Fifa.

Ao voltar a Nápoles, Maradona havia se transformado praticamente em uma entidade semidivina. Permaneceria na equipe por vários anos, conquistando dois títulos italianos e uma Copa da Uefa. Em 1991, um exame de controle antidoping, após uma partida, revelou a presença de cocaína no organismo do jogador. Ele voltou à Buenos Aires, onde pouco depois foi detido com a droga. Dali voltou à Europa, onde atuou no Sevilha. Em 1993, estava de volta à Argentina, jogando no Newell's Old Boys. Na sequência, foi convocado para a Copa do Mundo dos EUA. Mas, durante o fim da primeira fase, foi escolhido para fazer um controle antidoping.

OS *HERMANOS* E NÓS

O resultado marcaria o começo do fim de sua carreira como jogador: ele tinha cinco substâncias proibidas no sangue. Segundo Maradona, as substâncias eram parte de um remédio que havia tomado contra a gripe. Maradona voltou à Argentina e debutou como técnico com um ignoto time, o Mandiyú, no interior do país. Como técnico, foi uma catástrofe. Pouco depois, voltaria a jogar brevemente no Boca Juniors. Em 1997, Maradona aposentou-se do futebol profissional.

Rapidamente engordou e deprimiu-se. No início do ano 2000, Maradona sofreu uma *overdose* de cocaína que quase o matou em Punta del Este, no Uruguai. Por recomendações médicas, viajou a Cuba para realizar um tratamento para abandonar a dependência das drogas. O tratamento não teve resultados significativos, pois, ao voltar à Buenos Aires, em abril de 2004, o ex-astro teve uma nova *overdose*. Ficou três dias em coma. Poucos dias após acordar, Maradona fugiu da Clínica Suíço-Argentina, no centro de Buenos Aires, rumo à elegante chácara de um amigo, na zona oeste da Grande Buenos Aires. Nos cinco dias que esteve na chácara, Maradona passou o tempo como na canção de Ricky Martin, *"livin' la vida loca"* (vivendo a vida louca). No primeiro dia, poucas horas depois de ter deixado a UTI, ele causou surpresa ao jogar golfe durante 40 minutos no campo da chácara. No fim da noite, reuniu-se com velhos amigos e disparou fogos de artifício. No dia seguinte, jogou golfe e deu uma entrevista a Susana Giménez, uma das divas da TV argentina. Na conversa, com a voz embrulhada, sem conseguir terminar as frases, El Diez – depois de apreciar o *derrière* da diva – conseguiu explicar que havia visto a morte "de perto" e sustentou que, quando estava em um "túnel escuro" que o levaria para o além, foi salvo no último minuto por "uma multidão de torcedores".

Ao longo dos dias que se seguiram, Maradona jogou golfe durante longas horas (em algumas ocasiões sem camiseta, no meio de

Foto da primeira década do século XXI mostra o ídolo em fase complicada. Maradona esteve a ponto de morrer em várias ocasiões por *overdose* de cocaína, além de intoxicação provocada por excesso de ingestão de bebidas alcoólicas.

um frio que oscilou entre 13 e 16 graus), fez uma festa de despedida e, de quebra, deixou de lado a dieta, devorando tudo o que encontrava na geladeira e fora dela. O pináculo dessa jornada de arromba foi a noite em que uma *"overdose"* de *croissants* levou Maradona à UTI da Clínica Suíço-Argentina. Na noite da véspera, *La Mano de Dios*, como é popularmente chamado, recebeu o time de vôlei da cidade de Bolívar, na província de Buenos Aires. Os jogadores levaram a Maradona um pacote de *facturas*, a denominação genérica popular para os *croissants* e as demais variáveis calóricas com creme e doce de leite. Segundo testemunhas, Maradona – que não conseguiu resistir ao poder de atração dos quitutes – *"se morfó todo"* ("comeu tudo", na gíria portenha).

O comunicado oficial da Clínica Suíço-Argentina foi mais sutil, preferindo denominar o caso de transgressão alimentícia. Isso teria agravado o quadro sensível de insuficiência respiratória que sofria. O estômago e o fígado do ex-jogador – que pesava na ocasião 120 quilos – já acumulavam uma comilança de dois dias antes, durante um churrasco que organizou para dezenas de pessoas a modo de despedida. O ex-astro, lamentavam os comentaristas esportivos, parecia um lutador de sumô. Não conseguia respirar nem falar direito.

Nos meses que seguiram, Maradona realizou uma cirurgia de redução do estômago na Colômbia. Com o *look* renovado, o ex-astro voltou a ser um sucesso de marketing. Com 50 quilos a menos, foi convocado para apresentar um programa de TV, *La Noche del Diez* (A Noite do Dez), que teve recordes de audiência para um *talk show* na Argentina. No entanto, os índices não eram tão elevados para um programa apresentado pelo argentino mais famoso das últimas duas décadas. Entre seus convidados estiveram Pelé, Xuxa e Mike Tyson.

Maradona exibia seus abdominais, jogava tênis, futebol, corria e dançava. De quebra, fazia proselitismo da vida saudável e da dieta alimentícia que aplicava. Os fãs respiravam aliviados, pois o ídolo mostrava exuberante saúde. Seu único vício, dizia, era "um charuto por dia". Mas, sem trabalho ou atividade definida desde fins de novembro de 2005 (o contrato de seu programa não foi renovado), Maradona começou a deprimir-se e voltou a engordar.

Entre dezembro de 2005 e meados de 2006, o ex-astro envolveu-se em brigas com a Polícia Federal no Rio de Janeiro; jogou um vaso na cabeça de uma ex-miss nas ilhas de Bora Bora; e, em Buenos Aires, bateu sua caminhonete contra uma cabine telefônica, ferindo um casal de jovens que passava pela rua.

Na segunda metade de 2007, El Diez foi internado por graves problemas hepáticos gerados, entre outros motivos, pelo intenso consumo de champanhe. Os torcedores estavam cansados de seu comportamento. Mas, exatamente um ano depois, em outubro de 2008, voltou às manchetes dos jornais quando foi apresentado pela AFA como o novo técnico da seleção argentina, apesar da oposição da maioria da torcida.

Maradona teve um criticadíssimo desempenho nas Eliminatórias ao longo de 2009. As críticas continuaram durante a Copa do Mundo. Os torcedores, durante esse período, não queriam que Maradona permanecesse como técnico. Por isso, quando foi removido do posto, em julho de 2010, após voltar da Copa (foi recebido por somente 5 mil torcedores, quase todos enviados pelo prefeito de Ezeiza), os argentinos respiraram aliviados com a saída do ex-astro.

Um ano depois, Maradona foi contratado para ser o técnico do Al Wasl, de Dubai. Mas, em julho de 2012, ele foi informado pelo Twitter de que havia sido demitido. Alguns rumores indicaram na época que ele poderia voltar a Buenos Aires para ser técnico do Boca Juniors. Porém, mais de 70% da torcida boquense, segundo pesquisas, rejeitou a ideia.

Mitos e estatísticas

Quando foi designado técnico da seleção argentina, em 2008, as pesquisas indicavam que 65% dos argentinos não queriam que El Diez ocupasse o cargo. Em 2009, depois da suada classificação após o jogo contra a seleção do Uruguai, as pesquisas indicavam que 90% dos torcedores queriam Maradona fora das funções de técnico.

Quando Maradona foi removido da seleção, 85% da opinião pública concordou com a decisão. Meses depois, quando expressou seu desejo de voltar à seleção, a rejeição foi de 90%.

O analista esportivo Ezequiel Fernández Moores, disse em entrevista aos autores que no exterior "existe uma imagem errônea de que Maradona é um ídolo intocável. É uma mentira. Ele recebeu e recebe críticas de todos os lados". Segundo ele:

> Como jogador, as pessoas estão agradecidas pelas alegrias que ele deu. Mas, como técnico, ele entrou em um mundo novo, onde não fascina a torcida. Nesse mundo novo deixou de ser um semideus e passou a ser humano. E talvez isso seja algo positivo para ele.

"Maradona é um fracasso que produz dinheiro. E, enquanto ele for assim, continuará sendo chamado para várias atividades", dispara Juan José Sebreli, um dos maiores sociólogos da Argentina e um dos principais intelectuais vivos do país. Em 2008, publicou *Comediantes y mártires* (Comediantes e mártires), livro que desatou intensa polêmica, já que nele Sebreli ousa intrometer-se com os maiores – e intocáveis – mitos da história argentina.

Segundo o sociólogo, Maradona é símbolo da "esperteza argentina":

> O gol mais famoso da história do futebol argentino é o que ele fez com a mão, contra a Inglaterra, em 1986, na Copa do México. Um gol feito com trapaça. Mas é o gol mais idolatrado pela população. Esta é uma sociedade que acredita que a lei está aí para ser violada. Adorar Maradona simboliza a decadência de nossa sociedade.

Não é um esquerdista nem rebelde social ou transgressor. É um oportunista. Maradona adotou os *slogans* da "esquerda caviar". Apaixonou-se pela figura de Fidel Castro. Mas, ao mesmo tempo, aproximou-se do então presidente Carlos Menem [um neoliberal] e assina contratos com empresas capitalistas. No início da carreira, era útil à ditadura militar. Agora, Maradona está com os Kirchner.

FRASES MARADONIANAS

O ex-jogador é conhecido pela prática constante do esporte dos epigramas, no qual é expoente na Argentina. Suas frases, costumeiramente condimentadas com toques de humor, também contêm uma dura crueza.

Segundo os jornalistas Marcelo Gantman e Andrés Burgos, autores do livro *Diego Dijo* (Diego Disse), publicado em 2005, que reúne mil frases do mais puro pensamento maradoniano, Maradona – como "frasista" – foi "um talento inesperado":

sua capacidade de resumir em uma frase curta, às vezes com ironia, outras com ira, quase sempre com destinatário preciso, é equivalente à resolução de suas jogadas. Diego fala tal como jogou. Pensa rápido e executa da mesma forma.

A seguir, alguns conceitos pronunciados pelo polêmico El Pibe de Oro nos últimos 30 anos.

Futebol

"Pressão é o que sofre o cara que acorda às 5h00 da manhã para trabalhar e ganhar 10 pesos. Não é o nosso caso, que andamos em BMW ou em Mercedes Benz" (1996), referindo-se à vida dos jogadores de altos salários.

"A bola diz Diego em todos os pontos do planeta" (1997), revelando todo seu egocentrismo.

"Como é que dá para falar nessa tal de beleza futebolística? Se formos falar de beleza, que seja a da Peleritti... Beleza do futebol, uma ova!" (1993), tentando derrubar clichês sobre o futebol e fazendo referência à modelo argentina, considerada nos anos 1990 uma das mais belas do país.

"Se não tivesse sido jogador de futebol, gostaria de ter seguido a carreira de contador", surpreendendo com o inusitado.

Deus

"Sou um privilegiado, mas somente porque Deus quis. Porque Deus me fez jogar bem. Ele me deu essa habilidade. Por isso faço o sinal da cruz sempre que entro no campo. Se não fizesse isso, ia achar que o estava traindo", demonstrando que considera o futebol um desígnio divino em sua vida.

"É evidente que tenho linha direta com o Barba", demonstrando, ao usar a expressão particular para referir-se a Deus, que tem uma relação especial com o Todo-Poderoso.

Pelé

"Morro de vontade de conhecer Pelé. Fico satisfeito se tiver cinco minutos com ele. E, se tiver dez, sou Gardel [ser Gardel, na Argentina, equivale a ser o máximo]" (1979, poucos dias antes de o jovem Maradona conhecer o jogador brasileiro), confessando sua admiração pelo Rei, seu eterno – embora não contemporâneo – rival brasileiro.

"Eu sabia que Pelé era um deus como jogador. Mas, agora que o conheci, sei que ele também é um deus como pessoa", comentou extasiado, logo após conhecê-lo.

"Pelé fala demais... teria que calar a boca", (1982), evidenciando que o fascínio com Pelé havia acabado.

"Pelé é homossexual" (1987), disparada de forma lacônica.

"Pelé é um títere da Fifa e um *office-boy* de Havelange" (1991), completando o pensamento anterior.

"Pelé tem que substituir Havelange no comando da Fifa. Eu adoraria" (1995), recuando da declaração de quatro anos antes.

"O negão dá pena. Está doente de protagonismo" (2000), criticando mais uma vez.

"Pelé debutou sexualmente com um garoto e, além disso, espancava a esposa. Pelé continua transando com garotinhos" (2000), em mais um disparo.

Vida

"As pessoas precisam entender que Maradona não é uma máquina de dar felicidade" (1982), quando já começava a falar de si próprio em terceira pessoa.

"Nesta clínica tem um que diz que é o Robinson Crusoé... e ninguém acredita que eu sou o Maradona" (2004), desabafando sobre seus colegas de uma clínica psiquiátrica.

"Todo mundo me usou", lamentando que as pessoas se aproveitaram dele.

Drogas

"Para todo o mundo eu fui um drogado, sou um drogado e serei um drogado" (1996), desabafando.

"No começo, a droga te deixa eufórico... é como ganhar um campeonato. Aí você pensa: amanhã não importa, já que hoje eu ganhei o campeonato." (1996)

"Não sei como apareceram essas substâncias no controle anti-doping. Com certeza é um engano." (1990)

"Eu me drogo, mas não vendo cocaína." (1994)

"Estou perdendo por nocaute" (2004), entre uma *overdose* e outra.

"Tenho 44 anos e estou mais próximo do fim de minha vida do que do início" (2004), lamentando.

"Quando estava internado na clínica psiquiátrica, eu dizia aos pacientes que era Maradona... e o louquinho que dizia que era Napoleão me respondia que eu estava maluco." (2004)

Política

"Neste país sempre acontece a mesma coisa. É o mesmo jogo, que passam 40 mil vezes em replay" (1999), mostrando uma visão crua da Argentina.

"O esporte nacional na Argentina é enganar as pessoas", pessi-mista sobre seus próprios compatriotas.

"Fidel Castro tem os testículos bem colocados." (2001)

Futebol e Filosofia

"Os argentinos são maradonianos." (1997)

"Chegar até a aérea e não poder chutar em direção ao gol é como dançar com a própria irmã." (2001)

"Nunca imaginei que existiam pessoas que ficam felizes com minha tristeza." (1990)

Sexo

"Não tenho nada contra os *gays*. Acho bom que existam, já que dessa forma deixam livres mais mulheres para nós, que somos machos de verdade." (1998)

"Transo com a Cláudia [na época, sua esposa] todos os dias, pois quero ter um filho homem." (1999)

"Que vocês me c...!" (novembro de 2009), quando convidou os jornalistas a praticar sexo oral nele próprio, depois de derrotar o Uruguai e conseguir uma suada classificação da seleção argentina.

"E que vocês continuem me mamando!", na mesma data, reiterando o convite para o sexo oral, meia hora após a primeira proposta.

A BOLA NA CULTURA

FUTEBOL NO TANGO

"Dramas intensos, escuros, embora cotidianos e populares, um tanto quanto fatalistas e passionais, nos quais o futebol, quase como o tango, é um amor tão profundo que acaba trazendo problemas", afirmava o espanhol Carlos Marañón em seu livro *Fútbol y cine* (Futebol e cinema). Já o antropólogo Julián Ponisio sustentava que a *troika* "garoto-*potrero*-drible" forjou "as bases de identidade de um estilo corporal similar ao movimento corporal da dança do tango, na maneira de entender a prática do futebol" (*potrero*, como explicaremos no capítulo "O verbo e a bola", são os terrenos baldios onde estavam – e estão – os campinhos onde os garotos começam a jogar).

O tango é uma das paixões portenhas. O futebol é outra das paixões. Logo, seria natural que em algum momento o *frisson* por essas expressões cultural e esportiva se unissem. Isso fica evidente na paixão que vários tangueiros possuíam por esse esporte. Um deles, Vicente Greco, deixou isso claro em *Racing Club*, tango de 1913 (quando o time tinha apenas 10 anos de existência, mas já gerava grandes amores). O compositor Augustín Bardi não chegou ao ponto de Lamartine Babo – que fez os hinos de seis times do Rio de Janeiro –, mas elaborou tangos para dois clubes: *Independiente Club* e *San Lorenzo de Almagro*. Alfredo de Angelis fez um tango com o apelido do Club Atlético Banfield, *El taladro* (A furadeira elétrica).

Além dos times, os craques também foram objeto de tangos, tal como *Monti solo*, em homenagem a Luis Monti, astro nos anos 1930, já citado no capítulo "Pequena história do futebol argentino", na parte sobre os argentinos com sobrenome italiano.

Um dos mais criativos tangos sobre o futebol é o *Largue essa Mujica*, de 1929, composto por Juan Sarcione e gravado por Carlos Gardel, no qual o compositor usa os nomes de todo o time do Huracán na época, para construir uma letra com duplo sentido: em vez de *largue a esa mujica* ele quer dizer *largue a esa mujer* (largue essa mulher):

> *Largue, Chiessa a esa Mujica*
> *por Souza y por Roncoroni*
> *y Pratto Coty Spiantoni*
> *porque Passini calor.*
> *Yo Onzari que Battilana*

si ha Serrato la Manchini,
que si usted Reccanatini
tal vez Stabile mejor.
[...]
Tire, Cherro, esa Ferreyra,
que si corre Sanguinetti
lo van a dejar Coletti
en la Celta de un penal.

Outro tango que brinca com o duplo sentido é *Mi primer gol* (Meu primeiro gol), de Miguel Bonano, no qual indica que "nem a falta de tuas intenções poderá evitar a queda quando na rede de teus lábios te coloque o primeiro gol".

Em 1978, Astor Piazzolla gravou o tango *Gol argentino*, de Héctor Marcó. No mesmo ano ele compôs *Piazzolla'78*, uma suíte tangueiro-futebolística que tinha as partes *Mundial 78*, *Marcación*, *Penal*, *Gambeta*, *Golazo*, *Wing*, *Córner* e *Campeón*.

Embora esta parte do livro esteja destinada ao tango, é preciso ressaltar que o rock argentino também possui um punhado de composições relativas ao universo futebolístico, entre as quais *Maradó*, do grupo Los Piojos, que é uma apoteose sobre Diego Maradona. Um clássico que embala boa parte das reportagens sobre o ex-astro. Maradona também é o foco da cúmbia (um ritmo popular muitas vezes associado ao brega), com *La mano de Dios*, do falecido compositor e cantor Rodrigo Bueno.

FUTEBOL NO CINEMA

Precisamos novamente citar o espanhol Carlos Marañón, que indica que o cinema argentino:

Atreveu-se a retratar o futebol como nenhuma outra cinematografia, com uma gravidade e uma carga de dramatismo tão reais que assustam e que inclusive se antecipam aos tempos, respondendo perfeitamente, no sentido quase religioso, que o futebol continua tendo ainda hoje em dia para os argentinos.

O cinema começou a retratar essa paixão popular com o filme *Los tres berretines* (As três manias intensas), de 1933, a segunda obra do cinema sonoro argentino. O filme conta a história de um ferreiro modesto que comprova assustado que sua família está obcecada por três paixões: o tango, o cinema e o futebol.

Outro filme crucial do nicho futebolístico no cinema argentino é o *Pelota de trapo* (Bola de trapo), que conta a história de um garoto da classe operária que, treinando com uma bola feita de trapos, sonha em transformar-se em uma estrela do futebol.

Em 1951, foi realizado e exibido *El Hincha* (O torcedor), filme comentado no capítulo "Uma torcida fanática". A obra retrata, de forma cômica, a vida de um torcedor que só pensa em futebol e por isso, adia *sine die* seu casamento com sua eterna noiva.

El crack (O craque), de 1960, relata de forma nua e crua o esporte profissional e seus bastidores ocultos e questionáveis (drogas, subornos, manipulações comerciais e publicitárias). O filme, de José Martinez Suárez, tem na trilha sonora músicas de Astor Piazzola, compositor que começava a ficar famoso na época. Um ano depois foi a estreia de *El centroforward murió al amanecer* (O centroavante morreu ao amanhecer), no qual é retratada a história de um jogador, considerado o melhor centroavante de sua época, que é leiloado pelo time para pagar suas dívidas. O jogador é comprado por um cruel empresário que o aprisiona em sua mansão-*bunker*.

Da mesma forma que a Olimpíada do Terceiro Reich teve o filme *Olympia*, a Copa da Argentina de 1978 também teve sua película oficial que serviu de propaganda ao regime militar: *La fiesta de todos* (A festa de todos). O filme debutou nos cinemas no dia 24 de maio de 1979, véspera da data nacional (Revolução de Maio). Esse filme não tinha a monumentalidade da obra da diretora nazista Leni Riefensthal, além de ter sido feito às pressas. A obra começa mostrando uma vista aérea do estádio, com gritos "Argentina, Argentina!" ao fundo. Além de mostrar trechos dos jogos e imagens dos líderes da Junta Militar, exalta o nacionalismo, mostrando a suposta "falta de patriotismo" daqueles que não se interessavam por futebol, um esporte, segundo alguns comentaristas esportivos e historiadores da época, "criado pelos índios dos pampas, e não pelos ingleses". Seu diretor, Sergio Renan, arrepende-se do filme duas décadas mais tarde: "É uma ferida aberta em minha vida", disse.

Já no século XXI, o cinema argentino conta com *El camino de San Diego* (O caminho de São Diego), de 2006, a história de um paupérrimo torcedor que mora no interior. Ao saber que seu ídolo, Diego Maradona, está internado em Buenos Aires, o torcedor viaja à capital para dar-lhe de presente uma estatueta talhada em madeira por suas próprias mãos. O filme é uma espécie de mensagem sobre a esperança e os sonhos.

Os tempos da ditadura também foram retratados, mas sem ufanismo, no filme *Crônica de uma fuga*, do diretor Adrián Caetano, de 2006, citado no capítulo "O futebol e a ditadura militar", que conta a história real do jogador Claudio Tamburrini, detido e enviado ao centro de torturas Mansão Seré. Mas, depois de seis meses preso ali, conseguiu fugir com outros três prisioneiros. Em *O segredo dos seus olhos* (2009), o prestigiado diretor Juan José Campanella simulou o estádio do Huracán como cenário para uma das mais inesquecíveis sequências do cinema argentino, na qual a polícia corre atrás de um assassino.

Em 2013, foi a vez de um desenho animado, o *Metegol* (literalmente, pebolim ou totó; *Um time show de bola*, no título no Brasil), também de Campanella, inspirado em um conto do escritor e chargista Roberto Fontanarrosa. O filme mostra um grupo de bonequinhos de chumbo, peças de um pebolim, que vivem e falam – e muito – de paixão esportiva. Os bonequinhos ajudam o herói do filme a lutar contra os malvados que pretendem acabar com a identidade da cidade onde moram.

O cinema argentino também conta com documentários sobre o futebol. Esse é o caso de *Esos colores que llevás* (Essas cores que você leva), de Federico Peretti, de 2013, que mostra como os torcedores do River Plate, quando o time caiu para a segunda divisão, prepararam uma bandeira vermelha e branca de 7.829 metros (quase 8 quilômetros) que pesava 2,5 toneladas. Outro documentário é o *Copa Hombre Nuevo* (Copa Homem Novo), feito pelo Coletivo Hombre Nuevo, sob a direção de Esteban Giachero, filmado em janeiro de 2013, durante um torneio – a Primeira Copa América Alternativa Homem Novo –, com a participação de times de diversos países. "Era um desafio fazer um filme sobre futebol que tivesse a política como cenário. Muitas vezes o futebol oficial foi uma ferramenta para ocultar a realidade", afirmou Giachero, durante a estreia. Uma das pessoas que aparecem no filme, um inglês, afirma: "O futebol teria que unir, não dividir".

FUTEBOL NA LITERATURA

"No que se parecem Deus e o futebol?", perguntou brincando uma vez o escritor uruguaio Eduardo Galeano. Depois, ele próprio respondeu: "Se parecem na devoção que lhes dedicam muitos crentes e na desconfiança que geram em muitos intelectuais". Talvez, por esse motivo, o futebol não tenha feito parte da literatura argentina durante longo tempo. Mas, gradualmente, com o passar das décadas, esse esporte acabou conseguindo um espaço nessa área da cultura.

A deliciosa crônica "Esse est percipi", presente no livro escrito em dupla por Jorge Luis Borges e Adolfo Bioy Casares, diz que os jogos de futebol não eram mais realizados havia décadas e o que se ouvia no rádio não passava de encenação.

O histórico editor argentino Daniel Divinsky considera que "cada vez há mais milhões de pessoas que assistem ao futebol. Por isso, multiplicam-se os torcedores, bem como os autores dos livros e os novos leitores". Esse é o caso do jornalista e escritor Juan Sasturain, autor de *El día del arquero* (O dia do goleiro), de 1985. Outro caso é o de Roberto Fontanarrosa, cartunista que também foi escritor de contos cômicos, entre os quais, vários relativos à sua paixão, o futebol.

Os escritores citados eram todos fanáticos desse esporte. No entanto, um dos mais interessantes relatos sobre o futebol foi escrito por dois autores amigos que não sentiam o menor entusiasmo pela bola: Jorge Luis Borges e Adolfo Bioy Casares. Os dois escreveram em conjunto, sob o pseudônimo de Honório Bustos Domecq, o conto "Esse est percipi" (que em latim que dizer "ser é ser percebido"), de 1967, que consta no livro *Crônicas de Bustos Domecq*. No conto, o personagem Túlio Savastano, presidente do fictício clube Abasto Juniors, afirma a Domecq que o futebol é uma mera ficção midiática:

> Não existem escores nem jogadores nem jogos. Os estádios são prédios em estado de demolição, caindo aos pedaços. Hoje em dia tudo passa pela TV e pelo rádio. A falsa excitação dos locutores. Ora, nunca teve a desconfiança de que tudo é uma maracutaia? O último jogo que foi jogado na realidade nesta capital foi no dia 24 de junho de 1937. Desde aquele preciso momento, o futebol, da mesma forma que um amplo leque de esportes, é um gênero dramático, a cargo de um único homem em uma cabine ou de atores com camisetas perante o cinegrafista...

FUTEBOL NOS QUADRINHOS

Humanos e extraterrestres disputaram um embate no estádio Monumental de Núñez no início dos anos 1960. Não foi um jogo de futebol. Foi um conflito bélico, a Batalha do River Plate, travada entre uma centena de portenhos sobreviventes de um ataque de *aliens* – os *ellos* (eles) – que colocaram seus soldados, os *cascarudos*, para atacar as forças da resistência nesse ponto de Buenos Aires que tem jeito de altiva fortaleza, especialmente se observado da avenida Figueroa Alcorta.

Dessa forma, um dos mais conhecidos estádios da América do Sul entrava no meio da trama do clássico dos clássicos das histórias em quadrinhos da Argentina, *El Eternauta* (O Eternauta), do roteirista de quadrinhos Héctor Germán Oesterheld e do desenhista Francisco Solano López, que narra uma invasão do espaço exterior.

Ironias da vida bélica, Solano López era descendente do presidente paraguaio Solano López, morto por tropas brasileiras em 1865, na última batalha da Guerra do Paraguai. Oesterheld, militante do grupo guerrilheiro cristão-nacionalista de tendência de esquerda Montoneros (do qual foi assessor de imprensa), foi sequestrado e assassinado pela ditadura militar argentina em 1978. Dos dois, Solano López era o torcedor do River Plate.

Em outro exemplo, o futebol – e não estádios como cenários de heroicos combates bélicos – foi um dos pontos da tirinha *Clemente*, do caricaturista Caloi. A tirinha, feita entre 1973 e 2012 (ano do falecimento de seu autor), era sobre um ser sem asas, uma espécie de pato, que durante uma década "jogou" no Boca Juniors. Posteriormente, deixou de ser "jogador" e passou a ser torcedor. Ou melhor, um dos emblemas da torcida argentina. Em 1978, sua influência social era tão grande que incrementou o costume argentino de atirar papeizinhos nos estádios, uma espécie de festival de celulose a modo de apoteose do futebol.

CRIADOR E CRIATURA

Em 1997, o caricaturista Caloi concedeu uma entrevista ao autor Ariel Palacios, publicada no jornal O *Estado de S. Paulo*. Em suas tirinhas, Caloi tirou inspiração do futebol para seu personagem e vice-versa.

Ariel – Houve um período em que Clemente era jogador de futebol, do time Boca Juniors... Como chegou a isso?

Caloi – Era seu sonho. Como aquelas crianças que estão jogando sozinhas com uma bola e vão falando como se estivessem transmitindo o jogo. Clemente usava uma camiseta grande demais, tropeçava nela. Mas driblava dez jogadores e fazia o gol no último minuto. Era do Boca porque Bartolo era do River... como eu. Na Copa de 1978, adquiriu grande notoriedade, pois ultrapassou as fronteiras do jornal, com sua figura aparecendo nos placares eletrônicos dos estádios.

Ariel – Clemente criou a mania argentina de jogar papeizinhos no campo ou a reforçou?

Caloi – Acho que a reforcei. O locutor oficial da Copa, José Muñoz, fazia uma campanha contra jogar papéis nos estádios, que era um costume nacional. Antes, tenho que explicar que nós, desenhistas, somos uma raça de sobreviventes, de conspiradores... tigres de papel. Como o *Pasquim*, no Brasil, ou a *Codorniz*, na Espanha, estávamos sempre à espreita, para dar uma alfinetada nesse regime. E existia essa coisa tão inocente dos papéis. O governo tinha medo das multidões, que lembravam outros tempos políticos. Começaram, então, uma campanha que tratava todo mundo como inadaptado social, para que déssemos a melhor imagem do país para os turistas. Muñoz dizia que os papeizinhos davam a impressão de sujeira. E Clemente começou a dizer que era para jogar mais papel do que nunca, já que essa era a forma que os argentinos tinham de se manifestar...

SOBRE GAYS E GASTRONOMIA

O ESTÔMAGO E A BOLA

O escritor mexicano Juan Villoro sustenta que "o futebol é a paixão mais bem organizada do planeta Terra". Essa organização vai mais além dos 20 *Homo sapiens* que correm atrás de uma bola (e outros dois que tentam deter seu transcurso) em cada jogo, das torcidas em frenesi quase sexual, das transmissões ao vivo com os comentaristas relatando uma "épica" esportiva e do *merchan-*

dising futebolístico. Essa ampla organização também engloba uma das grandes paixões humanas, desde o nascimento da espécie: a gastronomia. O leque gastronômico dos estádios (em referência ao cardápio dos vendedores nas arquibancadas ou das barraquinhas do lado de fora desses centros esportivos) é pequeno. No entanto, compensa sua pouca variedade com a tradição dos quitutes, que integram a ritualística argentina de ir para a *cancha* (campo de futebol) todas as semanas.

Entre os elementos gastronômicos que ali podem ser encontrados, o clássico dos clássicos é o *choripán*, um sanduíche feito de pão francês e uma linguiça de grandes dimensões. O nome sintetiza seu conteúdo: "chori" (pelo *chorizo*, isto é, uma linguiça de proporções e densidade magnificadas) e "pan" (pão).

O crocante pão francês com o suculento – e costumeiramente oleoso – *chorizo* é a *pièce de résistance* de todo estádio de futebol (além de comícios e manifestações populares argentinas).

O torcedor *habitué* dos jogos costuma sublimar a ostensiva presença de estafilococos e outros perigos à longevidade humana contidos nesse quitute de estádio, como se estivesse blindado à miríade de bactérias que passeiam nesse ícone alimentício, geralmente elaborado em controvertidas condições de higiene. Não comer um *choripán* poderia ser visto como um sinal de esnobismo ou falta de masculinidade. Os consumidores também sublimam a adulteração dos ingredientes do *chorizo*, que incluem carne bovina, suína e equina em proporções nunca definidas de forma explícita. Nem implícita. A única certeza é que se trata de proteína animal.

Embora o *chorizo* e a salsicha sejam diferentes, possuem um parentesco próximo. Portanto, aplica-se também ao primeiro a frase atribuída ao chanceler alemão Otto von Bismarck (1815-1898), que dizia: "A população nunca deveria saber como são feitas as salsichas e as leis no Parlamento".

SOBRE GAYS E GASTRONOMIA

O *choripán* é onipresente nos estádios, já que ultrapassa as fronteiras físicas da crosta do pão francês: seu cheiro paira sobre todo o campo de futebol e os corredores dos templos esportivos, além de impregnar a roupa dos presentes por intermédio da fumaça.

Logo, temos o *choripán* presente:

a) Fisicamente, nas mãos, na boca e no estômago dos torcedores, jornalistas e policiais (e nas manchas nas roupas de todos os convivas).
b) No ar, por causa do cheiro e da fumaça exalados pelas enferrujadas *parrillas* (grelhas).
c) Como ondas sonoras, emitidas pelos gritos dos vendedores, que anunciam seu produto em elevados decibéis.

Além disso, o *choripán* – um *fast-food* que exala um delicioso cheiro (para os amantes da carne) e é de fácil manipulação – é um ícone da culinária nacional. Ou melhor, "nacionalista". Isso ficou claro em meio à crise financeira, econômica e social de 2001-2002, quando o país estava em plena turbulência social e as manifestações percorriam diariamente o centro portenho. Em várias ocasiões, grupos nacionalistas de esquerda gritavam, especialmente na frente do Mc Donald's e do Burger King, "*Choripán* sim, hambúrgueres não!", a modo de palavras de ordem. Diversas filiais das redes de *fast-food* foram apedrejadas. Uma delas, na frente do próprio Obelisco, foi totalmente incendiada por coquetéis molotov.

RECEITA NACIONAL

O *choripán* – similar argentino do *hot-dog* americano – pode eventualmente estar embebido em *chimichurri* – outro legendário ingrediente da culinária local e personagem-chave da cultura futebolística

CHIMICHURRI

O *chimichurri* consiste em um molho composto de orégano, salsinha, cebola, alho, pimenta, páprica e óleo de oliva, que os argentinos costumam derramar em cima de diversas carnes. Os *chorizos* são o principal alvo do uso do *chimichurri*. São o equivalente ao queijo ralado em uma macarronada. O *chimichurri* teria sido inventado em meados do século XIX durante as campanhas militares argentinas que gradualmente conquistaram a parte meridional dos Pampas e da Patagônia.

O criador, afirmam os especialistas, teria sido o irlandês Jimmy McCurry, que marchava com as tropas. Mas, pronunciar Jimmy McCurry teria sido tarefa difícil para os argentinos da época, que optaram por denominar o molho com a corruptela do nome do irlandês como *chimichurri*.

No entanto, alguns gastrônomos afirmam que o *chimichurri* é uma derivação do *pesto* genovês. Em meio às lendas que cercam esse elemento da gastronomia local, existem diversos *papers* que indicam que o nome seria proveniente do basco tximitxurrí, o equivalente a "uma misturada de muitas coisas". O autor do *chimichurri* não seria o irlandês supracitado, mas, sim, os bascos que migraram (em centenas de milhares) para a Argentina no século XIX.

O *choripán*, sanduíche popular dos argentinos, está presente em todos os estádios. Costuma ser acompanhado pelo molho *chimichurri*.

GASTRONOMIA FUTEBOLÍSTICA

Nos últimos tempos, surgiu uma variedade de quitutes cada vez mais populares nos estádios. Um bom exemplo é o *morcipán*, que em vez da linguiça utiliza a *morcilla* (morcela, uma espécie de linguiça feita com sangue).

Outro caso de sucesso entre os torcedores é o *paty*, denominação de uma marca que se tornou sinônimo de hambúrgueres de baixo custo na Argentina. Nas barraquinhas montadas nas proximidades dos lugares de jogos, os comerciantes vendem *patys* feitos de forma doméstica com qualquer tipo de carne. Os consumidores não fazem questão de saber sobre as eventuais origens equinas, felinas ou – com sorte – bovinas do produto. Mas é necessário que tenha o sabor proteínico *comme il faut* para um povo carnívoro como o argentino.

A *bondiola* (corte conhecido no Brasil como copa lombo de porco) – com abundante colesterol – protagoniza outro sanduíche do estádios. O pão usado é geralmente o francês, embora também seja utilizado o *pebete* (o pão bisnaga ou pão de leite).

O repasto dos estádios também é integrado pelos sanduíches de pão francês e bife à milanesa (estes, geralmente frios). Denominados de *sánguches de milanesa*, são os preferidos para consumir no pós-jogo, a modo de um minialmoço.

Sánguche é a forma popular de referir-se à criação gastronômica de lorde John Montagu, o quarto conde de Sandwich (1718-1792), que inventou o sanduíche entre um jogo e outro de cartas. *Sandwich* na Argentina virou *sándwich* (com acento). Mas, na periferia das cidades argentinas, é denominado de *sánguche*.

No inverno, uma das opções preferidas, especialmente pelas crianças levadas por seus pais aos estádios, são as *garrapiñadas* (uma espécie de amendoim doce brasileiro, embora feito em uma versão quente, torrado).

Alguns elementos gastronômicos inexistem nos estádios, já que sua ingestão pode ser encarada como falta de "masculinidade" pelos torcedores. Dessa forma, estão praticamente ausentes elementos como pipoca, sorvetes ou batatinhas fritas em pacote.

O FUTEBOL GAY

Em setembro de 2007, pela primeira vez na história do futebol, a Argentina sentiu o sabor de enfrentar a Inglaterra na final de uma Copa do Mundo. Mais do que isso, o time argentino sentiu o sabor de vencer os ingleses. Mas a vitória não foi devida à seleção de futebol convencional, já que a derrota infligida aos ingleses foi na final da Copa do Mundo Gay.

No embate, que definiu o campeão planetário, o time argentino Los Dogos venceu o inglês Stonewall por 1 a 0, no estádio Defensores de Belgrano.

O campeonato disputado em Buenos Aires foi a primeira Copa do Mundo Gay realizada em um país latino-americano. De quebra, foi a primeira vez que um país sul-americano conseguiu esse troféu.

A seleção argentina gay é tricampeã mundial (2007, 2010 e 2012). Supera, assim, a seleção nacional convencional, que só levantou a taça em duas ocasiões (1978 e 1986).

OS *HERMANOS* E NÓS

No total, 300 jogadores pertencentes a 28 times de 15 países competiram nessa Copa, que foi organizada pela Associação Internacional de Futebol de Gays e Lésbicas (IGLFA). Uma das peculiaridades da Copa Gay é que está integrada por times em vez de seleções nacionais (cada país pode participar com mais de um time).

A Copa contou com o apoio da prefeitura de Buenos Aires, cidade que poucos anos antes havia legalizado a união civil entre pessoas do mesmo sexo.

Os Estados Unidos levaram a essa Copa um total de dez times; o país anfitrião, a Argentina, apresentou quatro; o Brasil não enviou nenhum.

A vitória argentina contra os ingleses só foi possível graças ao gol de seu artilheiro, um brasileiro residente em Buenos Aires, Michel Monteiro, um heterossexual (os times gays são *hetero friendly*) que residia em Buenos Aires desde 2004.

A primeira Copa do Mundo Gay foi realizada em San Francisco, EUA, em 1982. De lá para cá, a IGLFA realiza uma edição anual.

Em 2010, pouco mais de um mês depois da desclassificação da seleção de futebol convencional na África do Sul, dirigida por Diego Armando Maradona, os torcedores argentinos – ou, pelo menos, parte deles – celebraram a segunda conquista da Copa do Mundo Gay, campeonato que naquele ano integrou os Gay Games 2010, a versão homossexual dos Jogos Olímpicos, realizada na cidade alemã de Colônia. A vitória foi obtida graças ao placar de 3 a 0 do Los Dogos sobre o combinado de Seattle (EUA).

Ao longo da edição homossexual da Copa do Mundo, a seleção argentina venceu oito jogos e empatou apenas uma disputa. Seu placar total no torneio foi de 25 gols a favor. Os argentinos foram alvo de somente cinco gols adversários.

Em Buenos Aires, líderes da comunidade homossexual festejaram a vitória e sustentaram que essa conquista acrescentava-se à, então recente, aprovação por parte do Parlamento argentino do ca-

232

samento entre pessoas do mesmo sexo. "É um orgulho e um triunfo perante a homofobia e a discriminação", afirmou na ocasião Cesar Cigliutti, presidente da Comunidade Homossexual Argentina (CHA).

As lideranças da CHA afirmam que esperam que o desempenho de destaque dos jogadores gays argentinos "modifiquem a tradição de um esporte machista e homofóbico". Segundo militantes das organizações gays, "o futebol é um âmbito que discrimina. Muitos jogadores não têm coragem de assumir sua condição. Isto aqui é parte de sua luta".

A Argentina obteve sua terceira Copa em 2012, quando a Seleção Argentina de Futebol Gay (SAFG) derrotou o Uruguai por 6 a 0 durante a Copa realizada na Cidade do México. Dessa forma, conseguiu a hierarquia de tricampeã (Argentina 2007, Alemanha 2010 e México 2012), superando a seleção nacional convencional, que ostenta o *status* de bicampeã (Argentina 1978 e México 1986).

MECA HOMOSSEXUAL

Buenos Aires deixou o machismo de lado, caracterizado nas letras dos tangos, e tornou-se a nova meca do turismo homossexual na América Latina desde a crise financeira, econômica e social de 2001-2002, destronando o Rio de Janeiro como o centro gay da região. Dentro do território portenho, o histórico bairro de San Telmo tornou-se a área *gay friendly* por excelência, embora não seja um reduto gay.

O processo de abertura da sociedade argentina à comunidade homossexual iniciou-se no final dos anos 1990 e não se deteve a partir de então. Em 1998, a Justiça da cidade de Mendoza concedeu *status* legal a um casal de gays. A decisão constituiu o início de uma gradual mudança na legislação da Argentina sobre o casamento entre duas pessoas do

Buenos Aires deixou o machismo de lado e tornou-se a nova "Meca" do turismo homossexual na América Latina desde a crise de 2001-2002, destronando até o Rio de Janeiro. Nesse cenário, o futebol disputado por times gays está em expansão no país.

mesmo sexo. Em dezembro de 2002, a Assembleia Legislativa da capital federal, Buenos Aires, aprovou a Lei de União Civil, que permitia a duas pessoas (incluindo duas pessoas do mesmo sexo) que pudessem comprovar uma convivência de dois anos formalizar a união. Em julho de 2010, foi a vez da lei nacional de casamento entre pessoas do mesmo sexo, aprovada pelo Parlamento, tornando a Argentina o primeiro país das Américas a contar com esse tipo de legislação.

Na época da votação, uma pesquisa elaborada pela consultoria Ipsos Mora y Araujo indicou que 54% dos argentinos respaldavam a legalização do casamento entre pessoas do mesmo sexo. Outros 44% eram contra e 2% não contavam com opinião formada sobre o assunto.

Os comércios portenhos celebram a afluência do denominado *pink money*, já que os turistas gays estrangeiros gastam 25% a mais do que os turistas heterossexuais que passeiam por Buenos Aires.

O VERBO E A BOLA

GÍRIA FUTEBOLÍSTICA ARGENTINA

O setor futebolístico argentino conta com um vasto palavreado para designar os mais variados aspectos do esporte. Alguns termos expressam a idiossincrasia nativa, enquanto outros deixam clara a ironia local.

Aguante: Literalmente, seria o ato de aguentar. Mas, nesse caso, refere-se ao respaldo ou apoio que uma torcida propicia a seu time. *"Le hicimos el aguante"* (Fizemos-lhe o *aguante*) equivale a "estivemos torcendo ali permanentemente, de forma intensa".

Boquita: Boquinha, diminutivo em espanhol de Boca. Forma carinhosa de referir-se ao time. Comentário costumeiro após uma vitória do time: *"Viste a Boquita, que maravilla!"* (Viu só o Boquinha? Que maravilha!).

Bostero: Relativo a bosta, esterco. Originalmente, denominação ofensiva dos torcedores do Boca criada pelos torcedores do River Plate. Atualmente, a palavra é usada com orgulho pelos próprios torcedores do Boca para se autodefinir.

Canalla: Equivale a canalha. Denominação dos torcedores do Rosario Central. Esse apelido surgiu por causa da recusa dos jogadores em disputar um amistoso com outro time para uma ação beneficente em favor dos doentes de lepra de um hospital da região. O rival em questão era o Newell's Old Boys, cujos jogadores – que queriam a ação beneficente – ficaram com o apelido de "leprosos".

Casa Amarilla: Velho casarão de um dos heróis da independência argentina, o almirante Guillermo Brown. Seu amplo terreno é utilizado como centro de treinamento do Boca Juniors.

Chilena: Forma usada na Argentina e em outros países da região (menos no Peru) para designar a "bicicleta". Essa jogada teria sido usada pela primeira vez em janeiro de 1914, durante um jogo no porto chileno de Talcahuano, pelo jogador espanhol Ramón Unzaga Asla (que além de futebolista era adepto dos saltos com vara e da natação). No entanto, a denominação não foi aplicada pelos chilenos, mas sim pela imprensa argentina, impressionada com a jogada.

Descenso: Quando um time cai da primeira divisão para a segunda. O pânico dos clubes.

DT: Sigla de diretor técnico. Por exemplo: *"Maradona, un DT problemático..."*

El Fortín: O Forte. O nome foi usado para indicar a invulnerabilidade similar a uma fortaleza do time Vélez Sarsfield entre 1924 e 1943.

El Monumental: Denominação do estádio Monumental de Núñez, do time River Plate. Mas, na realidade, o estádio do River chama-se Antonio Vespucio

Liberti, em homenagem ao presidente do clube que o construiu em 1938. No entanto, usa-se a denominação popular de estádio Monumental de Núñez, em referência ao bairro de Núñez, embora esteja no bairro de Belgrano. Coincidentemente, existe um time chamado Defensores de Belgrano, que está no bairro de Núñez.

"Es un sentimiento": "É um sentimento". Clichê usado pelos torcedores de qualquer time para explicar o inexplicável, ou seja, a paixão desenfreada que sentem pelos respectivos clubes.

Fulbito: Refere-se a jogadas vistosas, como embaixadas com sequências de toques de ombro ou cabeça. No entanto, consiste nos passes que, embora bonitos, não colocam em risco o adversário. Também pode ser aplicado a uma partida que não tenha a organização concreta de um jogo.

Funebreros: Funerários. Essa é a denominação óbvia do time e dos torcedores do clube Chacarita, instalado no bairro de La Chacarita, onde está o maior cemitério da capital argentina.

Gallina: Significa galinha. Nome sarcástico usado pelos *bosteros* para referir-se aos torcedores do River Plate.

Gambeta: Drible. Vem de *gamba* (perna, em italiano). Também é termo usado para dribles na vida. Um tango de Enrique Santos Discépolo, o *Mano a Mano*, indica que o protagonista da letra *"gambeteaba la pobreza en la casa de pensión"* (driblava a pobreza no pensionato).

La Academia: A Academia. Essa é a denominação do Racing Club, pela hierarquia e estilo de jogo que tinha em suas primeiras décadas.

La Boca: Bairro da zona sul de Buenos Aires. O bairro chama-se assim porque está na "boca" do Riachuelo, fétido rio que separa a capital argentina da periferia meridional. Foi um dos portos da cidade durante o século XIX.

La Bombonera: Nome informal do estádio do Boca Juniors, em pleno coração do bairro de La Boca. Tem esse nome porque parece uma caixa de bombons, sem a leve inclinação característica dos outros estádios. Na Bombonera, as arquibancadas estão quase em posição vertical. O nome oficial do estádio é Alberto J. Armando, um antigo presidente do clube.

Los Cuervos: Os Corvos. Esse apelido, do clube San Lorenzo, surgiu por causa de seu fundador, o padre Lorenzo Massa, que usava uma batina preta.

As origens católicas do time também suscitaram o apelido de *Los santos* (Os santos). E, de quebra, o time também é apelidado de *El Ciclón* (O Ciclone), decorrente dos primeiros anos do século XX, quando "arrasava" os outros times.

Los Diablos Rojos: Os diabos vermelhos. Apelido aplicado ao clube Independiente e seus torcedores.

La Doce: Torcida "dura" do Boca. Para alguns, são os *hooligans* do time. Para outros, apesar do comportamento mafioso, *La Doce* é a responsável pela ordem no estádio.

Los Borrachos Del Tablón: Os bêbados da prancha, denominação dos *hooligans* do River Plate.

Partido: Um jogo, uma partida de futebol. *"El partido Boca-River..."*

Picado: Jogo de futebol entre amigos em um campo com traves e marcas reais de um campo de futebol. Mas é um jogo entre amigos.

Picadito: Uma pelada, pois pode ser jogada em praças, terrenos baldios, ruas, estacionamentos e até no terraço de uma casa. No *picadito*, os gols não possuem grande importância. É comum ninguém contar a totalidade dos gols e o jogo terminar sem se saber quem foi o vencedor. A frase *"vamos iguales"* ("estamos mais ou menos igual") é um lema diplomático para a ocasião.

Pincharratas: Quer dizer "espetadores de ratos". O peculiar termo é aplicado ao time Estudiantes de La Plata, já que parte de seus primeiros jogadores eram estudantes de medicina que utilizavam ratos no laboratório dessa então prestigiada faculdade.

Potrero: Campo de futebol informal, em um terreno baldio, por exemplo. Várzea. O termo origina-se no campo onde os cavalos, isto é, os potros, pastavam.

Rabona: Não se refere a ter "rabo" ou sorte, nem é alusão aos glúteos de alguma torcedora ou *cheerleader*. Simplesmente, é o passe ou toque de trivela.

Sponsor: O patrocinador.

Taco: Toque de calcanhar. *Taquito* é usado quando o toque foi feito com certo "carinho".

Xeneize: É "genovês" no dialeto genovês. Os genoveses foram a comunidade italiana que predominou nas primeiras décadas do bairro de La Boca. O time é muitas vezes citado como a equipe *xeneize*.

"Y dale Bóóóó": "E vamos Bóóó...". Grito clássico da torcida para estimular os jogadores do Boca.

Zurda: A canhota. Um jogador *zurdo* é o canhoto. *"Pateó con la zurda"* (chutou com o pé esquerdo). O *zurdazo* é o chute com a canhota feito de forma forte.

FRASES SOBRE O FUTEBOL ARGENTINO

Jogadores, comentaristas esportivos e cartolas, além de cidadãos de setores extrafutebolísticos, expressaram ao longo deste e do último século uma ampla variedade de comentários sobre o futebol. Na sequência, uma breve seleção de frases.

"Foi a mão de Deus." Frase de Diego Armando Maradona em insólita explicação teológica para justificar um gol feito com sua própria mão contra a Inglaterra, na Copa do Mundo de 1986.

"O jogo de um time de futebol tem muitos pontos de contato com o balé. A diferença crucial é que, enquanto o corpo de baile possui uma coreografia e pouco espaço para o improviso, o jogador de futebol vai armando a sua no momento, à medida que se desenvolve o jogo". Frase da estrela do balé argentino Maximiliano Guerra, em 1992.

"Em nenhum outro lugar aprendi tanto sobre mim e as outras pessoas como em um campo de futebol". Frase de Jorge Valdano, ex-jogador e treinador.

"Como presidente do clube, eu tenho a obrigação de respaldar o técnico do time. Pelo menos, até 5 minutos antes de demiti-lo". Frase de Alfredo Davicce, cartola do futebol argentino e presidente do River Plate de 1989 a 1997.

"Para um jogador de futebol, não existe nada melhor do que outro jogador de futebol... desde que seja de seu próprio time". Frase do jogador Roberto

Perfumo, parafraseando a sentença do presidente Juan Domingo Perón, que dizia: "Para um peronista, não existe nada melhor que outro peronista".

"Este será um jogo ideal para confundir os tontos". Frase de Jorge Valdano, horas antes do jogo Argentina *versus* Inglaterra, na Copa do México de 1986.

"A defesa pode te tornar invencível. Mas é o ataque que te dá a vitória". Frase de Roberto Perfumo, zagueiro.

"Nenhum jogador é tão bom como todos juntos". Frase de Alfredo Di Stéfano, jogador.

"Teríamos que ter dito ao Maradona: olha, você joga futebol como um Deus, mas você é apenas um homem". Frase do técnico Jorge Valdano, em 1996.

"A boemia de antigamente não existe mais. Atualmente a mensagem é mais clara: se você ganha, você tem utilidade; se perde, não tem". Frase de 1994, de Adolfo Pedernera, canhoto que integrou o River Plate entre 1935 e 1946, considerado um dos melhores jogadores da história do futebol argentino.

"Se eu não roubo, não rouba ninguém". Frase de 1991, de Victor Vesco, presidente do Rosario Central entre os anos 1970 e 90, suspeito de casos de corrupção.

"O futebol é tão generoso que evitou que Bilardo se dedicasse à Medicina". Frase do ex-técnico César Luis Menotti sobre seu sucessor no comando da seleção, o ex-técnico Carlos Bilardo médico que quase nunca pode exercer sua profissão devido ao tempo que dedicava ao esporte.

"Menotti é como um rabanete. Vermelho por fora e branco por dentro". Frase de Carlos Salvador Bilardo sobre César Luis Menotti, em alusão à militância deste no Partido Comunista argentino.

"Confesso que quase todas as noites eu sonho com gols espectaculares, belos e meus". Frase do ex-jogador Jorge Valdano, em 1994.

"Eu ia vir... mas não vim". Frase de Oscar Más, astro do River Plate nos anos 1960, justificando sua ausência em um treino.

"O futebol é como um lençol curto: se você cobre os pés, descobre a cabeça; e se cobre a cabeça, os pés ficam para fora". Frase do brasileiro Tim, apelido de Elba de Pádua Lima, jogador e técnico, que comandou em Buenos Aires o San Lorenzo entre 1967 e 1968, época na qual pronunciou esse pensamento. No período em que comandou o time, seus jogadores foram apelidados de *Los matadores*.

"Nas alturas a bola não dobra". Frase de Daniel Passarella, em 1996, após a derrota argentina perante a seleção do Equador, em Quito (que está a 2.800 metros de altura).

"Eu sempre queria ter a bola, que era minha namorada". Frase de José Manuel Moreno, centroavante do River Plate nos anos 1940.

"O futebol é a dinâmica do impensado". Frase de Dante Panzeri, um dos mais famosos jornalistas esportivos da Argentina (1921-1978).

"Comprem um apartamento antes de comprar um carro". Frase do técnico Carlos Griguol a seus jogadores, indicando que não desperdiçassem seu dinheiro no luxo no começo da carreira.

"Tenho dois problemas para jogar futebol. Um deles é a perna esquerda. O outro, a perna direita". Frase do cartunista e escritor cômico Roberto Fontanarrosa (1944-2007).

"Quando cheguei à presidência do Boca, tive que mudar a imagem do clube, que era relacionada com a sujeira e o mau cheiro do bairro. Mas agora o Boca é um clube *fashion*". Frase do ex-presidente do Boca Mauricio Macri, em 2005.

"Eles cortaram minhas pernas". Frase de Diego Maradona, quando foi informado sobre sua suspensão da Copa de 1994 por *doping*.

"Se não fosse pelo futebol, muitos de nós ainda seríamos virgens". Frase do jogador Cláudio Omar García, mais conhecido como El Turco, jogador do Vélez, Huracán e Racing.

"O Boca é capaz de conseguir coisas quase inacreditáveis, como transformar Carlos Tevez em um *sex symbol*". Frase de Mauricio Macri, presidente do Boca Juniors entre 1995 e 2007.

"Os jogadores que não sorriem com o rosto não sorriem com os pés". Frase de José Barreiro, técnico do San Lorenzo nos anos 1960.

"Temos que pisar os rivais". Frase de Carlos Bilardo, técnico, em 1993.

"Não vou me amargurar ou deprimir pela derrota em um jogo ou em um campeonato. Drama real é não chegar no fim do mês ou ter um filho doente. Todas as outras coisas têm solução". Frase do ex-técnico do Boca Juniors, Carlos Bianchi, em 1995.

DICIONÁRIO BRASILEIRO-ARGENTINO DE FUTEBOL

Árbitro: Árbitro.

Arquibancada: Tribuna. As gradas são os degraus que compõem as tribunas.

Arremesso lateral: Saque lateral, saque de banda ou saque de costado.

Atacante: Delantero.

Bandeirinha: Árbitro assistente. Antes de 1997, era chamado oficialmente de juez de línea.

Barreira: Barrera.

Bola: Pelota.

Campo: Cancha.

Cartão vermelho/amarelo: Tarjeta roja/amarilla.

Chute: Tiro, mas somente aplicado quando se chuta a bola – um chute na canela, por exemplo, é uma patada.

Chuteiras: Botines.

Cobrança de falta ou tiro livre: Tiro libre.

Doping: Dopaje.

Escanteio: Saque de esquina. Córner ainda é bastante usado.

Estádio: Estádio.

Falta: Falta.

Futebol: Fútbol (embora, popularmente, exista uma abreviação: fulbo).

Gol: Gol.

Goleiro: Arquero.

Grama/Gramado: Césped.

Grande área: Área grande.

Impedimento: Fuera de juego, posición adelantada. Ou ainda, o britânico *offside*.

Ingresso: Entrada.

Jogador: Jugador.

Jogo: Partido.

Pênaltis: Penales.

Prorrogação: Prórroga ou tiempo extra.

Reserva: Suplente ou sustituto.

Técnico: Técnico (também chamado pela sigla DT, de diretor técnico).

Time: Equipo.

Tiro de meta: Saque de meta. Ou também saque de arquero.

Torcedor: Hincha.

Torcida organizada: *Barrabravas.*

Traves: Palos ou verticales.

Travessão: Travesaño.

Treinador: Entrenador.

Volante: Centrocampista ou mediocampista.

ANTOLOGIA DE EPÍTETOS, OFENSAS E SIMILARES NOS ESTÁDIOS ARGENTINOS

As variadas formas verbais para ofender, insultar ou irritar alguém na sociedade argentina podem ser vistas de forma concentrada durante as horas transcorridas na chegada a um estádio de futebol, ao longo do jogo (intervalo incluído) e na saída do recinto esportivo enquanto os torcedores partem de volta para casa.

Os epítetos também podem ser pronunciados em escalas ocasionais, no meio do caminho de volta ao aconchego do lar, nas quais os torcedores protagonizam cenas de pugilato ou *telecatch* com representantes de outros times (estas, evidentemente, incluem também depredação de patrimônio público ou privado no meio do caminho).

Aqui colocamos uma breve antologia das expressões utilizadas:

La concha de tu madre: *Concha* é a palava, na gíria local, para referir-se à vagina de forma chula. *Madre* é a mãe. Portanto, a pessoa que profere essa frase refere-se à vagina da progenitora de outrem. Quase sempre é acompanhada, no início, do verbo andar. A frase, dessa forma, seria *"andá a la concha de tu madre"* (vá para a vagina de tua mãe). No entanto, em vez dessa opção imperativa, também pode ser usada uma variante inquisitiva de tom convidativo, que é a *"porqué no te vas a la concha de tu madre?"* (por que você não vai à vagina de sua mãe?). E, como reforço não obrigatório, poderia ser ampliada com a inclusão do insulto *boludo* (ver tradução neste capítulo), desta forma: *"porqué no te vas a la concha de tu madre, boludo?"*.

La concha de tu hermana: A mesma utilização do verbete acima. No entanto, muda a protagonista e dona da vagina, que passa a ser a irmã. Ocasionalmente pode ser citada a *abuela* (avó).

Forro: Essa palavra era a princípio uma gíria argentina para designar o preservativo. No entanto, começou a ser usada como um peculiar insulto, indicando que alguém equivale a um preservativo (algo estranho, pois o preservativo é um elemento útil). Uma versão mais específica pode ser *forro pinchado* (preservativo furado), expressão que, aí sim, indica que alguém é um fracasso.

Hijo de puta: Forma usada para explicitar o desagrado com alguém que é má pessoa. Essa é a versão em espanhol do clássico mundial, no qual se afirma que o interlocutor (ou a pessoa citada na conversa) tem uma mãe dedicada à atividade sexual paga. Mas, na Argentina, estão as peculiares versões que pretendem intensificar o epíteto. Uma delas é *hijo de mil putas* (filho de mil putas), uma condição impossível, pois a pessoa seria filha de múltiplas mães. No entanto, é uma licença poética permitida aos epítetos.

Andate a la puta que te parió: Com essa expressão a pessoa sugere ao interlocutor que vá procurar sua mãe, senhora de profissão sexual, que lhe deu a luz. O equivalente em português ao "vá à puta que te pariu". Mas a tradição argentina é rica em reforços. Portanto, essa expressão pode ser potencializada com um aditivo, como *boludo de mierda* (ver explicação em "La concha de tu madre"). Logo, a expressão fica ampliada para *"andate a la puta que te parió, boludo de mierda"*.

Le vamos a romper el orto: Uma expressão que indica o desejo de sodomia com outrem. Nesse caso, ativamente. Seria o equivalente a "vamos arrebentar os ânus deles" (implicitamente, com o membro viril, e não com o uso de elementos artificiais de penetração). Paradoxalmente, os torcedores que proferem essa expressão se vangloriam de sua heterossexualidade (e também costumam ser homofóbicos), embora nesse comentário ofensivo explicitem a realização de um coito anal com o rival/inimigo. Sigmund Freud, se vivo estivesse, faria a festa nos estádios em todo o planeta.

Mierda: Palavra em castelhano para merda. A utilização da palavra para designar os excrementos humanos é polivalente, já que aquele que pronuncia a expressão ressalta – com essa palavra curta e sonora – que algo ou alguém possui escassa ou nula qualidade estética, moral ou material. Isto é, que não é do agrado de quem faz a avaliação. Os torcedores argentinos também unem características físicas à palavra *mierda* para potencializar o insulto. Por exemplo, *gordo de mierda* (gordo de merda). Também podem ser usados grupos étnicos ou nacionalidades (um *hit parade* dos insultos em todo o mundo), como *moldavo de mierda!* (em referência aos cidadãos da Moldávia, nome da antiga Bessarábia). Inclusive, serve para reforçar um insulto independente como *boludo*, que pode ser tonificado como em *boludo de mierda*. Poderíamos dizer que no idioma de Cervantes e Bilardo a palavra tem mais força do que na língua de Camões e Zagalo, já que a letra "i" do meio propicia um tom mais ferino. Ao mesmo tempo, a letra "r" em espanhol (exceto em Cuba, onde é quase um "l") tem uma sonoridade intensa, que supera o suave "r" carioca que se espalhou nas últimas décadas pelo Brasil.

Ir a la mierda: Expressão que, no caso de *"andate a la mierda"* (vai à merda), é utilizada para indicar que desejamos que o interlocutor vá para esse lugar físico e supostamente remoto nunca antes cartografado. No entanto, também pode ser usada de forma reflexiva, como avaliação sobre o péssimo desempenho de um time para o qual torcemos. Nesse caso, *"nos fuimos a la mierda"* (fomos à merda).

Boludo: Esse é o impropério argentino *par excellence*, que indica o idiota, o imbecil, o tonto, o panaca. A expressão-insulto – a preferida no país – designa aquele que possui *bolas* (testículos) grandes. Em diversas culturas, expressões similares eram utilizadas para referir-se a algum panaca sideral. É o caso dos italianos, que utilizam há séculos a expressão *coglione*. Nesses casos, servia para indicar que alguém tinha os testículos tão grandes que não podia mover-se de forma normal. Uma corrente, atualmente desprestigiada no mundo acadêmico, indicava décadas atrás que a etimologia de *boludo* provinha das boleadoras, as tradicionais armas dos índios dos Pampas (e posteriormente dos gaúchos), feitas com uma corda em cujas pontas eram colocadas duas bolas (quando eram arremessadas, as boleadoras pegavam um animal pelas patas – ou pelo pescoço – derrubando-o). Isto é, era *boludo* quem era pego – ou ficava tonto – pela ação das boleadoras. De qualquer forma, *boludo* sempre indicou o imbecil. Mas o uso do *boludo*, por parte de estrangeiros, deve ser feito com parcimônia até que a pessoa consiga um completo domínio do termo, para poder utilizá-lo em sua plenitude, sem que pareça forçado ou artificial. "Não existe ninguém mais *boludo* do que esses estrangeiros que, para imitar os argentinos, ficam dizendo *che* e *boludo*", indica *Puto el que lee – Diccionario Argentino de insultos, injurias e impropérios*, pequena mas admirável obra sobre os insultos aplicados costumeiramente no país

Pelotudo: Sinônimo de *boludo*. Nas últimas duas décadas, o *pelotudo*, graças à certa perda de potência do significado de *boludo*, ficou cada vez mais valorizado. Seu uso em espanhol portenho pode servir como um insulto afirmativo: "*Sos un pelotudo*" (Você é um *pelotudo*). Mas também pode ser usado, com muita frequência, como interrogativo (uma característica vinculada à tradicional ironia argentina): "*No ves que sos un pelotudo?*" (Você não vê que é um *pelotudo?*). Na hora de pronunciar, faça ênfase na sílaba "tu", assim: "*pe-lo-TÚ-do*".

Chorro: Gíria para ladrão. Aplicada, principalmente, aos árbitros de futebol.

Sorete: Unidade fecal. Também pode ser usada a versão silábica ao contrário, "tereso".

Além dos clássicos insultos, os torcedores, nos estádios, proferem gritos individuais contra os jogadores dos times rivais (e, muitas vezes, de seus próprios times):

Zelaya, você é mais lento do que *Only you!* (em referência à melodia para dançar lentamente).

Garcia, peça as mãos pro Perón! (observação a um goleiro desastrado sobre as mãos do defunto general Juan Domingo Perón, que foram decepadas em 1987, no próprio túmulo, e jamais encontradas).

Balsas, mexa-se que senão um cachorro vai fazer xixi em você! (a frase deixa claro que o jogador tem o mesmo valor de um poste no meio do gramado).

Fabbiani, vai pra área que ali tem sobremesa! (observação sarcástica para um jogador famoso por ser bom garfo).

Fabbiani, vai driblar a geladeira! (idem).

Silva, você é como Lex Luthor, careca, horrível e ruim! (uma observação com *touch* cinéfilo, referente ao vilão de *Superman*).

Sambuerza, vai se dedicar a vender a Solidária! (a Solidária é a loteria promovida pela Associação de Cegos, cujos vendedores também são pessoas cegas).

Vivaldo, vai se inscrever no PAMI! (o PAMI é o instituto que cuida dos aposentados).

Denis, vai doar os órgãos! (uma indireta que indica que a torcida o considera um morto).

Verón, traidor da pátria, tomara que você morra de diarreia bebendo um iogurte diariamente! (Sebatián Verón era um jogador que fazia publicidade de iogurtes entre 2010 e 2013).

E também os jogadores de um time pronunciam frases dirigidas aos jogadores do time rival, com o objetivo de perturbar, irritar ou ofender, tal como fez Norberto Conde, jogador do Vélez Sarsfield, que perguntou "Ei, como vai o jogo?" a um jogador uruguaio no meio do campo, na hora em que os argentinos venciam os uruguaios por 5 a 0. O uruguaio, irritado, deu um soco em Conde e foi expulso.

ESQUEMA DE GESTOS OFENSIVOS

Ariel Palacios

Boludo: Além de pronunciar a palavra *boludo* os argentinos também recorrem à gestualidade para indicar que alguém merece o epíteto. Para essa ação, a pessoa exibe a mão entreaberta, emulando o formato de uma tulipa (dedos separados, pontas para cima), embora, na realidade, seja como se estivesse contendo grandes testículos. O gesto deve ser realizado com a mão na altura do peito. O movimento deve ser lento, no sentido vertical, começando de baixo para cima. Deve-se repetir o movimento para baixo. Percurso médio de 5 a 10 centímetros. Caso queira indicar que o *boludo* em questão é um *considerável boludo*, o gesto deve implicar em um aumento da distância do percurso vertical da mão. Quanto maior o percurso, mais o gesto adquire intensificação semântica. Nos anos 1990, ainda em atividade como jogador, Maradona, cunhou a declaração "*Los boludos son como las formigas, están en todos los lados*" (Os *boludos* são como as formigas, estão em toda parte).

Te cagué!: A expressão indica que a pessoa conseguiu sacanear a outra com uma metáfora escatológica. O gesto implica em posicionar a mão na altura do ventre com os dedos em forma de tubo, fazendo um leve movimento de ida e vinda, na direção da barriga.

Te cagaste!: Expressão usada de forma ufanista para afirmar uma espécie de vitória sobre um inimigo/rival. Indica a pessoa que teve uma dilatação de esfíncteres involuntária e – sem querer – defecou nas próprias calças, sem que estas estivessem devidamente arriadas. O gesto consiste em juntar as pontas dos dedos para logo separá-las em movimentos repetitivos. Umas três vezes bastam para explicitar esse *schadenfreude* (expressão universal de origem alemã que indica o prazer derivado do azar ou fracasso de outrem).

UMA CAIXINHA DE SURPRESAS

O futebol argentino possui uma coleção de frases prontas, *wash and wear*, tal como no mesmo esporte no Brasil, onde existe uma grande variedade de orações, entre as quais "o futebol é uma caixinha de surpresas". Na Argentina, entre as frases mais surradas, estão estas:

- Este time é minha segunda família.
- Foi um jogo difícil, mas dei o melhor de mim...
- Dependemos de nós mesmos...
- A bola não queria entrar.
- O jogo só termina no minuto 90.
- Um gol, pra um visitante, já é um bom negócio.
- Se a gente tivesse feito aquele gol, a gente ganhava...
- Não conheço o pessoal da torcida organizada...
- Meu representante é que lida com essas coisas...
- O técnico fez com que acreditássemos em nós mesmos...
- Desde criancinha fui torcedor deste time.
- Não pouparei esforços para dar uma alegria às pessoas.
- Ainda faltam quatro jogos [ou cinco, ou seis... o número varia com as circunstâncias].
- Pois é, os torcedores têm todo o direito de estarem zangados...
- Queremos satisfazer a torcida.
- Os pênaltis são uma loteria...
- Perdemos na loteria dos pênaltis...
- Neste time não existem titulares e suplentes. Todos somos jogadores.
- Os clássicos são clássicos.
- Um grande time, um grupo humano muito bom.

- Jogamos bem, mas faltou fazer gol.
- Vim aqui pra ser campeão.
- Finalmente tivemos nossa revanche.
- O futebol é alegria.
- Estamos indo passo a passo...
- A melhor coisa do futebol é a torcida.
- O campeão é o melhor.
- Não deu...

OS AUTORES

Ariel Palacios fez o *master* de Jornalismo do jornal *El País* (Madri) em 1993. Desde 1995, é o correspondente em Buenos Aires do jornal O *Estado de S. Paulo* e, desde 1996, do canal de notícias Globo News. Foi também correspondente da rádio CBN e da rádio Eldorado. Participou de coberturas de eleições, crises políticas, tentativas de golpes de Estado, rebeliões populares e terremotos em diversos países da América do Sul. Em 2013, publicou o livro *Os argentinos* pela Editora Contexto. Criado em Londrina, Paraná, Ariel é formal e exclusivamente torcedor do Londrina Esporte Clube (L.E.C.).

Guga Chacra, comentarista de política internacional do *Estadão* e do programa *Globo News em pauta* em Nova York, é mestre em Relações Internacionais pela Universidade Columbia. Já foi correspondente do jornal *O Estado de S. Paulo* no Oriente Médio e em Nova York. Também trabalhou como correspondente da *Folha* em Buenos Aires. Participou das coberturas da Guerra de Gaza (2009), do terremoto no Haiti (2010), da crise em Honduras (2009), do furacão Sandy (2012), das eleições nos EUA (2013), da crise econômica argentina (2000), da crise econômica nos EUA (2009) e do crescimento da Al Qaeda no Iêmen (2012). Palmeirense, na Argentina acompanhava o Boca e simpatiza com o Racing, por ser o equivalente do alviverde paulista no país vizinho.

GRÁFICA PAYM
Tel. (11) 4392-3344
paym@terra.com.br